a
RES

Pausa

# Dones valentes

## Txell Feixas Torras

# Dones valentes

Pròleg de Gemma Ruiz Palà

Pausa

Primera edició: març del 2020
Segona edició: març del 2020


Ara Llibres
Pau Claris, 96, 3r 1a
08010 Barcelona
www.arallibres.cat

L'equip editorial que ha treballat per fer possible aquest llibre està format pel director editorial de Som*, Joan Carles Girbés; la directora d'Ara Llibres, Laura Rosel; l'editor, Miquel Adam; l'editor de taula, Eduard Hurtado; la *publisher*, Maika Pascual; l'equip de comunicació i màrqueting, Roser Sebastià i Marta Abella; el cap de producció, Enric Rújula; i l'equip d'administració i finances, Alba Morcillo i Sònia Herrera.

Disseny de coberta: Setanta (www.setanta.es)
Imatge de coberta: © Helmi el-Touni
Imatges de l'interior: © Diala Brisly (pàgines: 124, 126, 128, 129, 131) /
© Maher Attar (pàgina 145)
Fotocomposició: gama, sl
Correcció: Natàlia Cerezo, M. Mercè Riu i Núria Puyuelo

ISBN: 978-84-17804-32-9
Dipòsit legal: B 1232-2020



Aquest llibre s'ha imprès a Romanyà Valls amb paper ecològic i lliure de clor, òfset cru de 80 grams, i ha estat compaginat amb cos 12 de la tipografia Mercury Text G2.

# Taula

*Per al Pere Valent i la valenta de la Dolors,*
*un orgull de pare i mare*

# Pròleg

## Una periodista valenta

Si heu arribat fins aquí, podrem tancar tractes. Si heu llegit aquest títol —*Dones valentes*—, heu reconegut aquesta autora —Txell Feixas Torras—, heu sospesat aquest llibre i heu obert aquesta coberta és que heu dit que sí. Sí, volem veure-hi més enllà del nas. Sí, volem parar l'orella. Sí, ara ens toca callar. I no és pas poca cosa, en aquest món de saberuts i de perdonavides. De farts mentals, que diria Montserrat Roig. Farts mentals que no tan sols es pensen que ho saben tot. Farts mentals que t'ho expliquen, que t'ho *han* d'explicar, tant sí com no. Si també n'esteu fins al capdamunt que siguin els homes els que encara ens hagin d'explicar sempre les coses, això és casa vostra. I si també n'esteu fins al capdamunt que l'universal no sigui mai femení, això també és el món del futur: un futur en què Txell Feixas Torras no serà l'única de tantes coses.

La llibreta oberta sobre el genoll texà. El bolígraf entre els dits, destapat. El cervell present. Els ulls atents. Segur que en algun contraplà haureu vist com treballa, aquesta corresponsal de TV3 i Catalunya Ràdio al Pròxim Orient. Segur que sabeu reconèixer-li la veu i la intenció, només de sentir deu segons de crònica encara no. Doncs amb aquest llibre, xalareu. Aquí podreu anar més enllà del minut i mig televisiu i radiofònic i us endureu unes heroïnes inoblidables. Per sempre.

Però, abans de destacar-ne cap, una pregunta: com és que Txell Feixas Torras pot ensenyar-nos tantes històries i tan descomunals, tan portentoses, tan honorables, tan transcendents, i totes, totes, protagonitzades per dones? Fàcil: perquè Txell Feixas Torras les veu. Perquè les vol veure. Perquè, a ella, les vides de totes aquestes dones valentes no se li han fet transparents, quan se les ha topades a Beirut, a Gaza, a Rojava, al Kurdistan iraquià, a Síria... És el que passa quan s'és una periodista total. I *total* no és pas un atac d'hipèrbole ni un adjectiu a l'atzar, no gens. *Total*, sinònim de *completa*; *total*, sinònim d'*íntegra*; *total*, sinònim de *sencera*: el que Feixas Torras és en aquesta professió.

Feixas Torras posa coneixement, context, naturalitat i convenciment a cada crònica i a cada una de les històries que aquí llegireu. És una periodista del segle XXI, ella. No té por de fer servir les paraules *reparació*, *empoderament*, *reapropiació*, *masclisme* i *patriarcat*. Ben a l'inrevés, Feixas Torras sap que aquestes paraules són crucials per desemmascarar amb rigor tots els perquès. I per això ella no es deixa la meitat de les persones, la meitat de les circumstàncies, la meitat de les raons, la meitat de les contribucions i la meitat de les vides per explicar, com sí que s'han deixat i es continuen deixant tants companys periodistes. Encara, sí, encara. Encara se senten i es llegeixen cròniques que van ben coixes de persones, de circumstàncies, de raons, de contribucions i de vides. És el que els passa als que s'entesten a mirar el món i a explicar-lo amb un ull tapat. Fàcil: doncs que no fan ben feta la feina.

I ara sí, de dret a les heroïnes d'aquest llibre.

L'índex que us les defineix amb una frase ja fa caure de cul a terra. I fa més mal, encara. L'índex també és un miquel amb tota la mà plana, plaf!, a la tradició masclista i misògina que ens ha volgut fer creure que darrere l'etiqueta *de dones* només hi pot haver una història única, una història menor, una història... estalviable. I un be negre amb potes rosses. Només l'índex d'aquest llibre ja dinamita la perversa reducció amb què s'han volgut escanyar les experiències de les dones. La dinamita en fa focs artificials i els fa espetegar per celebrar la complexitat, les capacitats, la potència i l'enginy d'aquesta meitat de la humanitat anys i panys interessadament desenfocada i deformada.

I per això us traureu el barret, davant la jove libanesa que d'un avortament *clandestí* —és a dir, prohibit; per tant, barroerament i perillosament atès i silenciat per força, per la força de les lleis dels homes del seu país— en fa un projecte artístic profund i astut, mereixedor de veure's i d'aplaudir-se en tota una Biennal de Venècia —ara que als cacics de l'art contemporani occidental els està començant a fer vergonya vetar sistemàticament les dones artistes i els seus temes *de dones* i no tenen més remei que *cedir* espai a temes importants com l'avortament, un tabú històricament disfressat de *temàtica* insignificant.

L'haureu de llegir dos cops i us en fareu creus, de la proesa que tres cops per setmana fan dues germanes psicòlogues forenses en una presó als afores de Beirut. Us fareu creus, sobretot, de com és que la seva feina no es copia i es trasllada arreu i, en canvi, encara es jutja com a dèria estrafolària la determinació que tenen per voler aproximar-se i comprendre l'altre. Sí, quan *l'altre* és el més execrable enemic, també. I quan *l'altre* són els exmembres d'Al-Qaida i d'Estat Islàmic engarjolats per crims atroços amb qui intenten treballar, amb més raó encara.

Us esgarrifareu i us vindran ganes de cremar-ho tot, amb l'article 522 del Codi penal libanès. Però la història de la Fatma també us enramparà les cames d'aquella electricitat que s'encén sempre que es planta cara a la infàmia juntes, que s'assenyala els culpables juntes, que s'alça la veu juntes. La *performance* dels vestits de núvia esquitxats de sang que va presenciar Txell Feixas Torras us emocionarà: és una història de sororitat com una casa de pagès, ja ho veureu.

Amb les milicianes kurdes que van desafiar Estat Islàmic, reconec que vaig estar a punt d'aixecar-me, obrir la porta d'una puntada de peu i sortir al carrer a cridar el seu nom i a esbombar el seu crit: *Jin, jiyan, azadi!* —'Dones, vida, llibertat!'—. Txell Feixas Torras narra la seva gesta històrica de manera trepidant, t'hi porta, hi ets, t'arremangues, carregues el kalàixnikov, demanes què s'ha de fer i et quadres davant d'aquelles noies que van dir les coses pel seu nom: que van dir que no hi ha revolució si és patriarcal. I que no tan sols ho van dir, sinó que ho van fer. Van parar els peus als criminals i van construir una comunitat feminista exemplar. Els déus de l'Olimp ja han fet el seu fet. Les ciutats d'Atlàntida i d'Ítaca, també. Canviem el disc ratllat dels mites antics d'una vegada per totes, estampem-nos l'exemple d'aquestes valentes al front i pronunciem amb l'honor que es mereixen la regió autònoma de Rojava i la ciutat de Kobane, fem el favor.

I també és periodisme d'investigació cinc estrelles, el que fa Txell Feixas Torras. Com quan ens radiografia la situació de les minyones esclaves que hi ha al Líban. El resultat és un relat de terror a estones molt feixuc de llegir sense parar i respirar ben fondo. Que les agències facin i ensenyin catàlegs de les candidates a esclaves no té nom. Però que les candidates a esclaves més *lletges* tinguin un sobrepreu ja és d'una crueltat abominable. L'agència les fa pagar més cares perquè les mestresses se les estimen molt més: els homes de casa seva no les violaran tant, si les troben *lletges*.

Feixas Torras no ens dona peixet, ja ho haureu notat. No ens escatima cap ganivetada de la realitat, va al gra, sense atenuants, sense cotó fluix. Completament a favor. Però val a dir que, quan entremig de tanta vilesa ens regala una història com la de la jove enginyera de Gaza —la inventora d'un aparell que transforma l'energia solar en electricitat—, sospires i li ho agraeixes. Perquè segurament també volareu eufòrics com jo, amb Majd al-Mashharawi. Recordeu bé aquest nom. La seva heroïcitat és digna d'escriure's, d'imprimir-se, de fer-ne còpies i de repartir-les per totes les escoles del món. Que se sàpiga de què són capaces les dones en contra de tot i de tothom!

També us ressonarà dies el relat de la nena que arriba al món amb més plors al seu voltant que si hagués nascut morta; o el ferotge dia a dia dels nens del carrer a Beirut; o la doble condemna que una noia ha de pagar per haver tingut un fill d'un violador d'Estat Islàmic; o l'impuls que mou l'esperit d'una altra jove per dibuixar les escenes de la seva guerra...

I una de les últimes històries, la que comença amb un llibre que es crema. Un llibre que vaig córrer a encarregar, evidentment: *I Killed Scheherazade: Confessions of an Angry Arab Woman*. Feixas Torras va a escoltar Joumana Haddad a un club de lectura i ens en fa un completíssim perfil, d'aquesta escriptora, poeta, periodista, editora i traductora. No tan sols Salman Rushdie va patir per la seva vida per causa de la seva literatura, Haddad, també. I és fascinant llegir totes les iniciatives culturals que ha impulsat, malgrat tot. La gosadia, la convicció, la militància per no deixar-se acoquinar per cap tentacle del patriarcat, ni polític ni religiós. És una dona valenta que val la pena escoltar i llegir, immunitza contra els prejudicis eurocentristes i orientalistes que tantes vegades ens porten a ficar al mateix sac la mà de dones diferents que viuen als països àrabs. I tornem al llibre cremat, que ens encarrilarà cap al final d'aquest pròleg i quedareu lliures per descobrir les dones valentes que Txell Feixas Torras us ha vingut a presentar. La confessió del títol, matar Sherezade, la narradora de *Les mil i una nits*, no és cap poca-soltada. I ara! Matar Sherezade és defensar la credibilitat de les dones *per se*, reclamar la seva atenció sense cap amenaça d'intermediària, considerar les seves paraules al marge de cap interlocutor que les hagi de validar. Matar Sherezade és matar la submissió, la complaença i la docilitat: és matar tots els sultans que s'han cregut amb el dret de disposar de la vida i de la dignitat de les dones.

Acabo amb una invitació. I no comporta sang, que ningú no s'esveri. La invitació és a llegir, a compartir aquesta lectura i a repicar les campanes per totes les dones valentes que ens fan bullir la sang i que ens desperten el pesquis. Repicar les campanes per una Txell Feixas Torras que ens les fa conèixer, i repicar les campanes per la canalla que triarà la carrera de periodista amb ella de referent al cap. Nenes i nens que aprendran que el valor d'explicar el món és fer-ho com ho fa ella ara des del Pròxim Orient i allà on sigui on vagi sempre: amb la llibreta oberta, el bolígraf destapat, el cervell present i els ulls ben atents, tots dos.

Gemma Ruiz Palà
Barcelona, gener del 2020

# Introducció

*N*ENES QUE NEIXEN VIVES malgrat que les desitgen mortes; que es refan malgrat haver-se casat amb qui les ha violades; obligades a treballar al carrer, on les tracten com a criminals. *Noies* que combaten el gihadisme amb kalàixnikovs i teràpia, malgrat jugar-s'hi la vida; que se sobreposen a Estat Islàmic, malgrat haver-ne estat *esclaves sexuals*. *Joves* que desafien un altre esclavatge, el domèstic, malgrat esdevenir il·legals; que planten cara al patriarcat amb enginyeria i enginy, malgrat rebre amenaces constants; *mares* i *àvies* erigides com a puntals familiars, malgrat la més absoluta invisibilitat.

Les seves vivències retraten la que, malauradament, encara pot ser la trajectòria vital d'una dona al Pròxim Orient i part d'Àsia, des que neix fins que mor. Però cada cop són més les que es rebel·len. Algunes ho fan des de la consciència, moltes d'altres per pur instint de subsistència. Exemples de veu on se les vol callades; heroïnes anònimes desmuntant estereotips de qui les pensa submises. No són víctimes del masclisme, sinó supervivents feministes. Grans dones rescatades, en la majoria de casos, per elles mateixes i obligades per les circumstàncies. Però també per altres dones potents en una xarxa de solidaritat, resistent i discreta. Són, per sobre de tot, *Dones valentes.*

I aquest és, justament, el títol del llibre. D'entrada, pot semblar senzill, però té un significat ben especial per a mi. Al meu pare se'l coneixia com *el Pere Valent*, perquè de petit ja anava sol de la masia on va néixer al poble on després viuríem. Passats uns anys i quan es va casar amb la mare, la Dolors es va convertir en *la Pere Valenta* de Sant Joan de Mediona, sobrenom que s'ha guanyat cada dia. Finalment, en aparèixer jo —i com no podia ser d'altra manera, en un lloc tan petit on ens coneixem tots—, vaig heretar el mot de *la Pere Valenta Xica*. Un orgull no exempt d'una certa contradicció per això de perpetuar, d'alguna manera, la saga masculina. Però el més gran honor i millor homenatge, tractant-se del meu pare.

En aquest sentit, la paraula *valenta* ha ressonat sovint en la meva rutina. Però aquests anys al Pròxim Orient m'han obligat a revisar-ne el concepte. No perquè hagi deixat de veure valentia on abans en percebia, sinó perquè se m'han creuat persones que amb les seves experiències n'han desbordat el significat i els seus límits. Nenes, adolescents, joves, esposes, mares o àvies han tirat per terra estructures mentals que —des de la distància i carregada amb alguns prejudicis— cimentaven la meva visió de la dona al món àrab.

A base d'envestides diàries en forma de plors, ràbia, impotència, dubtes, vertigen, però també de rialles, complicitat, mirades i abraçades, he acabat reconstruint la meva narrativa. I no deixo de fer-ho, conscient que les històries d'altres dones valentes que em passaran per davant trencaran, una vegada i una altra, aquestes costures recosides.

Aquest llibre, per tant, no pretén descobrir cap gran veritat ni busca analitzar en profunditat el feminisme en aquest racó de món. Però sí que m'ofereix la possibilitat de compartir la força i l'aprenentatge privilegiat que m'han regalat aquestes lluitadores quotidianes amb els seus testimonis excepcionals. Relats de què et fan partícip sense cap intenció de generar pena ni condescendència, sinó com a exemple de canvi i coratge. En un moment en què, afortunadament, es parla i s'escriu tant de dones, pot ser interessant obrir una mica el focus i col·locar-lo sobre una regió, a l'altra banda de la Mediterrània, que de manera menys mediàtica està protagonitzant, també, tota una revolució.

# Quan néixer esdevé una qüestió de gènere

## Khadija: «Si és una nena, no la salvis!»

«Si ets un nen vens al món; si ets una nena... ja ho veurem. Així de simple. Crec que treballo al pitjor país per néixer i créixer dona, on viure o morir és, també, una qüestió de gènere.» Després d'aquesta duríssima reflexió, la Laia des de l'Afganistan i jo des del Líban, pengem. Llavors encara no n'era conscient, però aquesta darrera trucada, així com el contingut d'altres missatges i correus intercanviats setmanes abans, van fer que em repensés l'inici d'aquest llibre que començava a escriure.

Impactada per les lluites diàries que afronten moltes dones al món àrab, des que neixen fins que moren, volia donar valor a les seves petites grans victòries. Les que havia presenciat i les que m'havien anat explicant. La intenció era arrencar aquest cicle vital al Líban, el meu país d'acollida, on també decideixen per tu en un tema tan intransferible com la maternitat. L'avortament, tipificat com a delicte penal, es castiga amb presó. Per començar, em semblava una situació prou greu i representativa del que passa aquí i en molts llocs de la regió.

Però sempre hi ha realitats pitjors. I potser perquè estava molt receptiva, just quan feia una immersió en com naixem les dones en aquesta altra banda de la Mediterrània, em va arribar una història més llunyana. La de la Khadija, a punt de parir en una zona remota de l'Afganistan, on la pressió social convertiria aquest moment de vida en una autèntica agonia. Vaig poder seguir de prop la història d'aquesta jove a través de la Laia. Ella, com a ginecòloga i amiga, esdevenia la millor guia amb qui endinsar-me en una realitat tan poc accessible. De matinada, un missatge de text al mòbil em posava en situació.

Laia: Estem de part i la Khadija m'acaba de suplicar que si és un nen faci el que calgui, però que si és una nena no la salvi... Abans li havia preguntat si volia seguir endavant amb la via vaginal o m'autoritzava a practicar-li una cesària. Perquè el nadó ja empeny, ve de natges i el risc que mori s'incrementa si optem pel procés natural. No és la primera vegada que em trobo amb aquesta petició d'una mare, però mai no acabo d'acostumar-m'hi...

També aquest cop li ha tocat deixar clar a la Khadija que de cap manera decidiran el futur del seu bebè en funció del seu sexe. Un dels principis de la Laia, com a doctora de Metges sense Fronteres i sobretot com a dona i persona, és que el sexe no pot condicionar mai cap actuació. I menys una que acabi determinant si vius o mors. Poden debatre si salven o no el nadó per evitar que sigui la mare qui mori al quiròfan, però mai sotmetre's a altres tipus d'exigències ni pressions. Com a doctora, té l'obligació de proposar la conducta mèdica més segura a la pacient i després hauria de ser aquesta última qui tingués la darrera paraula. Però sempre sobre procediments que prioritzin la vida de la dona i la criatura.

El problema és que a l'Afganistan les mares no tenen ni veu ni vot. Cap dret, no tenen. Tampoc reproductius, conclou la Laia frustrada. I em pregunto en què es tradueix, això, en el tracte a les embarassades. Li escric i premo *enviar*. Penso que no em podrà contestar fins l'endemà, però rebo un missatge de veu de seguida. Suposo que en determinats moments a l'hospital se li fa més fàcil parlar que teclejar.

Laia: Per ser assistides aquí, totes les dones necessiten el permís del marit. I, un cop al centre, sense autorització masculina tampoc no puc fer cap actuació per iniciativa pròpia. A més, gairebé mai no tinc la possibilitat de consultar els passos a seguir amb el pare, perquè no apareix! Davant hi tinc, en molts casos, el sogre o un cunyat, amb qui costa entendre's per una qüestió idiomàtica i cultural. A vegades visc en la paradoxa d'haver de debatre amb un fill si practico una cesària a la seva pròpia mare! Són els homes qui manen. Fins i tot, després d'aconseguir convèncer alguna dona que el millor és fer-li una lligadura de trompes per evitar nous embarassos de risc, la família s'hi ha acabat negant. Ells volen com més nens millor. «Ells», naturalment, el que pensin elles no té importància. I «nens», mai nenes! Un cop, un pare em deia, enfadat: «Vull tenir més fills perquè només en tinc cinc.» Jo sabia que, en realitat, n'eren vuit, però les tres nenes no comptaven. Ni les compten!

Mentre la Khadija segueix dilatant a la llitera del quiròfan, la Laia m'explica que, si morís en aquest part complicat, el seu marit no trigaria a tornar-se a casar. Qui diu casar-se, diu comprar-se una altra dona perquè li fes d'esposa. Si, en canvi, fos l'home qui perdés la vida, la Khadija hauria de passar quaranta dies tancada a casa, de dol estricte, sense fer absolutament res, i, després, potser hauria d'accedir a casar-se amb un cunyat o un altre home de l'entorn del difunt, a qui ha passat a pertànyer per sempre, per a tota l'eternitat. El trencament de la noia amb els seus parents de sang, que comença amb el matrimoni, es fa evident en un altre moment que la doctora viu cada dia: l'embarassada sempre arriba a l'hospital acompanyada de la sogra o la cunyada, mai de la mare o les germanes, de qui l'han obligat a distanciar-se.

Escolto i llegeixo atenta els missatges de la Laia. Els rellegeixo, els escolto una vegada i una altra. «Si és una nena, no la salvis.» Intento adormir-me, però no puc parar de rumiar-hi. És com una sentència de mort. Amb la Laia ens comuniquem de matinada, quan acaba les seves eternes i esgotadores jornades. Al cap d'unes hores, suposo que intuint el meu desconcert, m'envia un altre àudio intentant donar-me context per entendre una realitat que m'esfereeix, però que per a ella s'ha convertit en una trista rutina.

«Que la Khadija prioritzi la salut del seu fill o la seva depèn, bàsicament, de la criatura que està en camí. En cas que sigui nen, ella voldrà arriscar la vida perquè el mascle visqui; si esperen una nena, preferirà que la petita mori, com has vist. En aquesta societat, extremament patriarcal, projecten en la nena una personeta que es convertirà, passats uns anys, en una dona tancada a casa, sense treballar ni aportar cap ingrés a la llar. Que un cop es casi desapareixerà per passar a formar part de la família del marit, amb l'única missió de parir i cuidar-ne els integrants. Per als pares, tenir una nena suposa una inversió perduda de temps i diners. Només cotitzen els nens. I aquesta és ara mateix la gran preocupació de la Khadija.»

Un neguit que s'accentua perquè aquesta jove, amb contraccions cada cop més seguides, no sap encara el sexe del nadó. Ni la Laia ni les altres ginecòlogues del centre no acostumen a desvetllar-lo durant el procés de l'embaràs. És un secretisme justificat: si s'assabenten que porten una nena, algunes dones, desesperades, avorten de les formes més insegures i rudimentàries. Lluny dels nuclis urbans de l'Afganistan —on és més difícil accedir a les pastilles per interrompre l'embaràs—, hi ha joves que utilitzen opi o altres herbes tradicionals, agulles i altres instruments punxants. Sovint es provoquen autèntiques carnisseries i després es desprenen com poden dels fetus o dels bebès. A vegades els enterren en petites caixetes dipositades en cementiris que visiten de manera clandestina per por de represàlies. D'altres en bosses, sense cap tipus de sepultura. Intenten esborrar tot rastre de la petita. En molts casos, si la nena viu, els marits peguen aquestes mares per castigar-les. La violència física o sexual està instal·lada en la cultura del país, a moltes cases. Una de cada tres dones la pateix, víctima de la seva parella, del seu oncle, del seu cunyat, del seu cosí. Molts ho justifiquen com una forma de *disciplinar* les dones a la llar.

No puc agafar el son. De cos, soc a Beirut, però de pensament soc a la localitat afganesa de Khost. Vaig mirant el mòbil de reüll esperant llegir un «Laia» a la pantalla. Alguna cosa sobre com avança el part. Per fi arriba el missatge:

«Finalment, resignada i adolorida, la Khadija acaba d'esbufegar que fem el que creiem millor per al nadó, sigui el que sigui. Almenys aquest cop no he de sortir corrents per intentar localitzar el marit o un familiar que em doni permís per avançar i puc fer el que, professionalment, considerem més convenient. De manera excepcional, ha tingut la valentia de dir que, amb independència del que vingui, tirés endavant. Li practicarem una cesària.»

La de la Khadija és una decisió poc habitual, perquè assumeix per un instant l'autoritat sobre el seu cos. Una capacitat que no li reconeix la seva comunitat.

En aquest àudio, se sent la Laia més tranquil·la. Inspira amb un lleu somriure i la sensació d'haver contribuït a salvar una vida. Si hagués hagut de buscar algun parent, segurament no haurien arribat a temps. Però també és conscient que les coses no haurien anat així, si mare i pare haguessin sabut el que em confirma pocs minuts després, ara en un breu missatge de text:

Laia: Ja la tenim aquí, Txell! Ha fet 3 quilos 200 grams, està sana i té un plor molt potent!

Ara ja no és cap secret: és una nena. Sense nom, encara. Trigaran uns dies a posar-li, perquè ni la mare ni la família no hi havien volgut pensar, en aquesta possibilitat. Serà el marit qui el triï. En la tradició tribal, ell té la potestat de canviar, fins i tot, el nom de la seva esposa, si no li agrada. Però, de moment, la petita ja es fa sentir en un món que —intueix— la voldrà callada. Callada i, d'entrada, gens desitjada. Un dels moments en què sento la Laia més tocada és, justament, quan me l'hauria imaginat més realitzada. Però l'escena que em descriu, tot i haver-la viscut altres vegades, no deixa de trencar-la. M'ho transmet amb veu apagada:

LAIA: Quan he posat la nena en braços de la Khadija, ha plorat més desconsolada que si li hagués comunicat que la seva filla havia mort durant la cesària... No tan sols plorava la mare, sinó també els familiars que eren a l'habitació. Semblava un funeral, no pas un naixement. I com més ploraven ells, més s'enrabiava la petita. Semblava que s'adonés del disgust que els provocava.

Gairebé és de dia. La Laia se'n va a dormir amb una sensació agredolça, amb massa sentiments contrariats. Penso en com de difícil ha de ser gestionar i pair aquesta barreja de tensió i frustració. La dona afganesa és un zero a l'esquerra davant les autoritats, però també ho és l'estrangera. És un fet que coneixen molt bé les organitzacions humanitàries internacionals que hi treballen, que les limita i hipoteca. Si la comunitat local deixa d'acceptar-les —perquè entén que se sobrepassen o vulneren les regles imposades—, els projectes implementats poden saltar pels aires. De manera que professionals com la Laia han de tenir també una gran intel·ligència emocional per comprendre situacions incomprensibles.

Abans d'aterrar en aquest racó de l'Afganistan, tocant amb el Pakistan, aquesta professional ja ha treballat en llocs tan complicats com Sierra Leone, Grècia, Etiòpia, l'Índia o el Iemen. Amb trenta-tres anys —i veïna, com jo, de Sant Joan de Mediona— ha voltat mig món guiada per una vocació indestructible. Tot i haver acumulat molta vida a la motxilla, hi ha situacions que encara esquerden la cuirassa vital que s'ha hagut de construir per sobreviure. Ni les realitats més punyents han pogut anestesiar la sensibilitat, la fortalesa i el somriure que fan brillar la Laia. Sí que és cert, tanmateix, que el dia a dia en un país on el conflicte és permanent ha fet que acabi normalitzant situacions excepcionals per a la majoria. En una de les nostres converses, per exemple, treu importància a l'explosió d'una bomba consolant-se que, almenys, no ha fet danys personals. La sensació de perill es relativitza. L'atemptat ha passat a pocs quilòmetres del que ara és casa seva, un dels centres més importants de Metges sense Fronteres. Construït el 2012, és una fortificació gegantina, i una de les maternitats més grans del món. La Laia hi viu i hi treballa. Practiquen uns 22.000 naixements a l'any, o sigui, 2.000 parts mensuals. Uns 60 cada dia.

Em desperto i me la imagino rendida després d'una nit tan intensa. Li escric per saber com està d'ànims i quin és l'ambient que es respira en aquesta ciutat sanitària, absolutament blindada. Amb un passat marcat per la guerra i un present d'inseguretat contínua, el país es mou encara a cop de violentes batzegades. Ara de la insurgència talibana i de cèl·lules d'Estat Islàmic, que sovint posen en la seva diana les organitzacions no governamentals i el personal humanitari internacional. Un col·lectiu que ha de cosir també els estralls ocasionats pels bombardejos amb què Occident intenta, sense èxit, apagar un conflicte que encara encén més.

Laia: A l'hospital no hi entra pràcticament cap home. Per seguretat, però també, i, sobretot, per una qüestió cultural. Totes les doctores i infermeres som dones, exceptuant les d'alguna especialitat. Els professionals masculins no tenen gairebé cap contacte directe amb les pacients. Fora del centre, totes les noies deambulen tapades amb el burca, de cap a peus. A dins ho fan amb el hijab, un vel que en cobreix només el cap i el pit. I vesteixen el nicab, que els amaga també el rostre, quan han d'interactuar amb algun home. Jo m'he de cobrir, però com a estrangera se'm permet ensenyar la cara. Només això. Per sobre porto una túnica llarga. Així és la indumentària de la dotzena de membres del personal internacional que treballem braç a braç amb unes quatre-centes de locals.

La majoria de les seves companyes són afganeses. Quan el règim polític, militar i religiós dels talibans va ser desallotjat del poder l'any 2001, aquestes doctores van voler recuperar les places dels centres sanitaris d'on el règim islamista les havia expulsat pel sol fet de ser dones. No totes s'han atrevit a prendre aquesta decisió. De fet, diverses ONG i les Nacions Unides han fet crides reiterades perquè se'n reincorporin més, davant les reticències que encara troben per reclutar-les.

El fet que l'Estat no arribi a tot el país tampoc ajuda. Les diferents cultures de govern en cada zona dificulten possibles canvis i obertures mentals. Justament la localitat de Khost, on se situa el centre de Metges sense Fronteres de la Laia, és d'ètnia paixtu. Ella encara té gravat a la memòria com van rebre-la quan hi va posar els peus per primera vegada.

«Només arribar-hi, un home afganès —mediador entre la comunitat local i l'occidental— em va deixar ben clar que aquí impera la llei tribal, que està per sobre de tota justícia ordinària. Que eren els anomenats *elders* —un grup d'homes d'edat avançada i líders regionals— els que manaven i intervenien en els conflictes que hi passaven. Alguns dels més greus estaven relacionats amb disputes de caràcter sexual. Els primers dies aquí ja m'havia endut un bon bany de realitat. Un dels cuiners del centre on treballo em va explicar que li havien matat la filla perquè, havent-se de casar, va mantenir relacions amb un home que no era el seu promès. Tots dos van ser condemnats a mort. El pare m'ho va confessar amb una certa resignació que ho feia tot encara més bàrbar: «Aquí les coses funcionen així, Laia...» Resulta que, per als membres de la comunitat, ser deshonrat és pitjor que ser assassinat. Ho veuen com la millor manera de passar ràpid la vergonya, recuperar aviat l'harmonia i evitar la lluita entre dues famílies.

A l'Afganistan, l'honor està per sobre de la vida. Queixar-se de la violència domèstica, denunciar una violació o oposar-se a una matrimoni forçat —ho són almenys set de cada deu, segons l'ONU— suposa incórrer en un crim contra la moral. La policia et pot arrestar si alces la més mínima queixa contra el teu marit o els teus familiars. Fins i tot, dones que s'han atrevit a denunciar en una comissaria han acabat detingudes o forçades a declarar confessions en què es fan enrere, obtingudes moltes vegades sota tortura. La presència femenina gairebé nul·la, de menys del 5 %, als sistemes policial o judicial es converteix també en un factor dissuasiu a l'hora que les víctimes busquin ajuda.

Diferents organitzacions humanitàries reconeixen alguns avanços en l'era posttalibana. Sobretot, una certa millora de l'educació i la reducció de la taxa de mortalitat infantil. Però la mentalitat del país continua ancorada en el passat. El panorama és especialment dur als afores de Kabul, la capital, on ni l'onada liberal de principis dels seixanta ni els canvis posteriors que havien d'implantar-se amb l'anomenat *alliberament* no han arrelat. La Constitució que es va aprovar el 2004 deixa molt clara la igualtat entre tots els ciutadans, siguin homes o dones. Però aquest dret només resisteix sobre el paper. En algunes regions encara es nega l'educació més bàsica a les nenes, ja sigui perquè la consideren inapropiada o per por de reaccions extremistes contra les escoles amb presència femenina. Només en un any, el nombre d'atacs contra centres escolars del país s'ha més que triplicat.

Laia: Algunes joves han acabat ruixades amb àcid com a advertència que el seu lloc no és a les aules, sinó a casa. L'àcid no et mata, però deixa cicatrius físiques, psicològiques i socials ben visibles. És un estigma. Les que en són víctimes queden desateses en tots els àmbits: mèdic, laboral, legal... La lluita, per tant, no es limita a néixer nena. Després toca créixer sense que et matin pel simple fet de ser dona.

Fa setmanes del part de la Khadija. Soc a casa a punt d'adormir-me i enmig de la foscor veig com el mòbil s'il·lumina. Missatge de la Laia. De cop, em ve al cap la conversa en què, dies abans, m'explicava que la mortalitat infantil s'havia reduït, si bé encara afectava massa els bebès acabats de néixer. Expectant i un punt nerviosa, llegeixo un text breu intuint que potser són males notícies. M'equivocava.

Laia: La Khadija acaba de venir a l'hospital per visitar-se. Ella es recupera amb tota normalitat i la petita... encara no té nom, però està preciosa i ben sana! Avui mare i filla ja es miraven sense deixar de somriure's.

# Quan venir al món és gairebé l'única opció

## Melissa: mare o clandestina?

Clandestina. És l'opció que la Melissa va triar fa gairebé tres anys i que impregna, des de llavors, bona part de la seva vida al Líban. Quan entra a l'habitació, folrada de pòsters d'adolescents, procura ajustar bé la porta perquè no sentin què hi fa. Per si de cas, aquesta jove de vint-i-tres anys es col·loca uns grans auriculars que embolcallen els seus rínxols i l'aïllen per escoltar, sense distraccions, el material sonor amb què treballa connectada al seu Mac. Sembla haver-se mimetitzat amb la discreció que la mou. És menuda, lleugera, fugaç. La seva presència, esquiva. Paret amb paret, la mare fa el dinar imaginant que la seva filla està estudiant per als exàmens de l'Acadèmia de les Arts on està a punt de graduar-se. També aliè al projecte que l'ocupa, el pare tragina pel jardí de casa fent temps fins que la seva dona cridi l'habitual «Plat a taula!» dels migdies.

La Melissa ha vulnerat l'article 541 del Codi penal del país. Segons aquesta normativa —del 1943 i mai més actualitzada—, el suposat delicte pot costar-li fins a tres anys de presó i milers de dòlars de multa. A ella i als qui, amb el seu consentiment, hi hagin col·laborat. Per això, en un primer moment, no ho va compartir ni amb la seva parella. Triava un amic íntim perquè l'acompanyés a executar el suposat crim. I, fins fa ben poc, no n'ha fet partícip el seu pare. A la mare no s'ha atrevit a explicar-li-ho, encara. Creu que no l'entendria, perquè és profundament cristiana. De fet, el Líban és el país àrab amb més membres d'aquesta religió, juntament amb disset confessions oficials més.

Però quin delicte ha comès, la Melissa? Exercir el dret, com a dona, d'interrompre el seu embaràs. Una opció lliure en molts països, però perseguida aquí. L'avortament està estrictament restringit i només es permet quan un metge certifica que la vida de la mare corre un seriós perill. O se li apliquen atenuants si l'embaràs és fruit d'una violació. El seu cas no responia a cap d'aquestes dues hipòtesis. La regulació libanesa la va empènyer, amb només vint-i-tres anys anys, a endinsar-se pràcticament sola en un submon que desconeixia. Va veure com el quiròfan de l'hospital era substituït per equipaments més rudimentaris en clíniques il·legals, algunes instal·lades en cases privades. Va poder comprovar, a través d'experiències de les seves companyes, com, en lloc de professionals especialitzats, operaven persones poc qualificades. No hi ha estadístiques sobre aquestes xarxes, però sí testimonis, com ella, d'un mercat negre que emergeix per lucrar-se dels milers d'avortaments anuals que es produeixen al marge de la reduïda llista oficial.

Ara la Melissa està immersa en un altre part, el d'expulsar la veritat del que ha experimentat i que tant dolor li ha generat. Sent la necessitat de començar a trencar un silenci que ella mateixa s'havia imposat. Primer entenia que no hi havia cap altra opció que callar i després va autoenganyar-se pensant que era l'alternativa menys arriscada per a ella i el seu nucli familiar. Però ja no vol alimentar més tabús d'una societat que rebutja abordar obertament qualsevol qüestió de salut sexual i reproductiva. La Melissa ha escollit la via de l'art per trencar el seu silenci, on millor flueix expressant-se, per cridar ben fort el que ella i moltes altres dones han optat per callar. I ho fa d'una manera especial.

*L'avortament del meu company* és el títol de l'arriscat projecte que la manté tancada a l'habitació durant hores i hores. Un petit refugi des d'on comprova que no està sola, que el seu gran crim és el de centenars d'altres dones libaneses. I també el d'homes que les acompanyen en un procés ja de per si desagradable i en què també són tractats com a autèntics delinqüents indesitjables. Són justament aquests testimonis masculins els que s'ha dedicat a enregistrar, seleccionar i editar durant mesos de feina. Ho fa conscient que la seva societat, de mentalitat patriarcal, tendeix a ignorar l'opinió de les dones. Així que, sabent que la majoria d'homes només s'escolten a si mateixos, els utilitza per introduir el missatge i intentar que, entre ells, generin empaties.

Els sentiments que experimenta al seu búnquer de proves —escoltar com es viu un avortament criminalitzat des de la perspectiva d'un home— és el que vol que reprodueixin els libanesos en un muntatge directe i sobri. Ha dissenyat una presentació en una sala poc il·luminada per preservar l'anonimat del públic que hi ha d'entrar. Allunyades les unes de les altres per donar un cert aire d'intimitat, col·loca diferents cadires amb auriculars penjats. Davant d'elles, siluetes masculines de cartró que simulen els rostres dels nois que el visitant anirà escoltant.

Un dels testimonis és el del company de la Janine. El jove ha preferit no facilitar la seva identitat real. Explica que la seva parella va utilitzar la pastilla avortiva, però que no va funcionar. Llavors van recórrer a la intervenció quirúrgica. Quan ella ja era a la llitera, el suposat metge li va demanar més diners per l'anestèsia. No podien pagar el cost addicional, totalment disparat, i van decidir seguir l'operació sense subministrar-n'hi. Van ser hores de dolor, lentes, inacabables. Passats uns dies, van sorgir complicacions importants. Empès només pels diners, el doctor es va desentendre de la Janine, sense fer-li cap seguiment ni despenjar-los mai més el telèfon. Ella plorava sense parar i ell no va saber consolar-la. Fins aleshores pensava que tot això era cosa de dones. Ara reconeix que estava equivocat, com ho està —admet— gran part de la societat.

En el cas del Joseph, un altre dels participants, la pastilla que van subministrar a la seva companya sí que va funcionar. Però, al cap d'unes hores, ella va sortir del lavabo i, assenyalant restes ensangonades a la tassa del vàter, li va etzibar plorant i fora de si: «Mira, aquí tens el teu fill!» Cap dels dos no volia tenir-lo i havien acordat el pas, però la pressió d'estar cometent el que li havien inculcat que era un crim, un assassinat i una il·legalitat li va fer perdre els nervis. Ni en aquell moment ni durant els mesos següents no li va ser possible encaixar-ho.

D'uns altres auriculars s'escolta una vivència que es repeteix en diferents veus masculines. Expliquen que un suposat ginecòleg els va extorsionar exigint-los més diners per guardar el secret professional i no esbombar el que acabaven de fer. Altres homes relaten com, després d'avortar, la seva parella va decidir deixar-los sense donar-los l'opció de parlar-ne, evidenciant altres ferides menys visibles, però igual o més profundes.

La Melissa ha creat un mirall sonor on ningú no vol veure's reflectit i que intenta exposar i moure pels circuits culturals de Beirut. De moment, amb molt d'interès per part dels programadors, però sense acabar mai de tancar cap tracte. Totes les trucades i els correus que fa des de la seva habitació, convertida en un centre d'operacions, acaben amb un: «Sembla interessant, ja et direm alguna cosa.» Però ja no rep una nova resposta. La capital és, evidentment, més oberta que la resta del Líban. Amb tot, les explicacions i les exigències dels exhibidors potencials fan sentir-la part d'una activitat fosca i pecaminosa, relegada a la més absoluta clandestinitat. Les exposicions i les sales culturals no volen problemes amb el Govern ni amb la justícia libanesa. I la Melissa tampoc no s'atreveix a desafiar del tot les autoritats. Sap que l'èxit del seu projecte —pioner al país— pot suposar-li conseqüències penals. Si la seva *performance* funciona, segurament més gent coneixerà la situació personal que va viure i podrien acabar denunciant-la. D'entrada, ja ha descartat instal·lar-la al seu poble, al nord del país, en una de les regions més conservadores del Líban. Només a uns metres d'on viu, hi ha cotxes aparcats amb els vidres folrats de fotos de fetus i lemes que reivindiquen el dret a la vida, titllant d'assassines les dones que avorten i de monstres les persones que les acompanyen en aquest tràngol.

El sol fet de dedicar temps i energia a dissenyar aquest projecte artístic s'ha convertit en la millor teràpia. Les seqüeles del seu avortament no han sobrepassat estadis aguts de tristesa. Però altres noies —com li han confessat els seus companys— han patit depressions i fins i tot ingressos psiquiàtrics per intents de suïcidi. La fragilitat emocional en què es troben moltes d'aquestes dones i la seva por a ser delatades davant la policia explica també per què les seves parelles es converteixen en testimonis més predisposats a col·laborar amb el projecte de la Melissa.

Triar interrompre un embaràs al Líban no tan sols col·loca la dona en una disjuntiva perillosa. També els ginecòlegs es troben davant d'un dilema que massa cops els porta a practicar les intervencions per la porta del darrere, operacions que es duen a terme a través de vies soterrades, a cop de talonari i fent ús de l'agenda de contactes. La Melissa va trobar el nom i l'adreça del que seria el seu metge mitjançant el boca-orella. Com tantes altres joves, no la va encertar. I, com la majoria, no va atrevir-se a denunciar les negligències i la crueltat patides sabent que el pretès professional la podia posar en una situació complicada.

Altres ginecòlegs, en canvi, accepten pacients, coneixedors que la llei actual propicia més risc per a unes dones que, d'una manera o altra, acabaran avortant. Davant la possibilitat que l'embarassada acabi morta en mans de curanderos o agredida per la seva pròpia família, prefereixen practicar la intervenció salvant aquella jove, tant físicament com emocionalment.

Però encara hi ha un col·lectiu més oblidat i vulnerable davant d'aquestes màfies: les dones refugiades. Algunes no han tingut alternativa. Solen ser sirianes que han arribat al Líban fugint de prop de nou anys de guerra i que han acabat sent víctimes de grans xarxes d'explotació sexual i tràfic de persones. Moltes, reclutades al seu país natal i venudes aquí; d'altres, captades ja com a refugiades. Dones —n'hi ha que encara són unes nenes— enganyades, maltractades, torturades, violades, forçades a prostituir-se i obligades a avortar si es queden embarassades. Estructures enormes en què s'ha acabat demostrant que, en molts casos, hi operen també ginecòlegs libanesos.

En una de les caixes que té mig amagades a l'habitació, la Melissa hi guarda articles referents a alguns escàndols. El 2016, mentre ella intentava superar el seu infern particular, va esclatar un dels casos més escabrosos i mediàtics. La policia va detenir un doctor que, durant anys, va practicar més de dos-cents avortaments a una setantena de noies segrestades. Per intervenir-les, traslladaven les joves a una clínica del nord del país. Aquesta era l'única visita que feien al metge unes dones sanitàriament desateses, cremades, amb rastres de cops i descàrregues elèctriques. Algunes no van sobreviure. Un dia, aprofitant el descuit dels guàrdies que sempre les vigilaven, les noies van escapar dels baixos on les tenien tancades. Eren als suburbis de la costa de Jounieh, a una vintena de quilòmetres de Beirut, una zona coneguda també com el *districte de la llum vermella*, pels rètols de neó que il·luminen aquella concentració de centenars de clubs nocturns i casinos. D'allà, algunes sirianes van aconseguir pujar a un minibús i explicar el captiveri al conductor, que ràpidament va alertar la policia. Hi ha la sospita que molts funcionaris, sobretot de les forces de seguretat, eren còmplices d'aquesta màfia. Sense la seva col·laboració es fa difícil d'imaginar que una xarxa tan establerta passés desapercebuda per les autoritats durant gairebé una dècada.

Milers de dones pateixen la paradoxa criminal de què és còmplice el país on viuen. Les libaneses no poden avortar perquè, per llei, és un crim. Però, mentrestant, centenars de noies refugiades són obligades a interrompre el seu embaràs per poder seguir exercint la prostitució.

«La maledicció del cromosoma X», que diuen a la regió. Les dones vistes com una alteració genètica, que les relega a ser ciutadanes de segona impossibilitades per prendre cap decisió. Però la Melissa demostra que cada cop són més les que trien. Encara que, de moment, ho hagin de fer de manera clandestina.

«Plat a taula!», crida la mare. La Melissa apaga l'ordinador, es treu els auriculars, amaga els papers amb què treballa sota el matalàs i s'assegura d'ajustar bé la porta de l'habitació. Durant una estona, tornarà a tancar-hi tot el que li ha passat. A ella i a tantes altres.

# Quan ets nena i l'asfalt, el teu pati d'escola

## Alaà: la gran d'un batalló de germans refugiats

«Nena, si no t'apartes, surto del cotxe i t'apallisso!» La seva distribució diària al voltant d'una concorreguda cruïlla de semàfors a Beirut no és casual. L'Alaà encapçala la brigada de quatre germans que hi treballen jornades de més de dotze hores venent ampolles d'aigua mineral. Els diners que facin amb prou feines serviran per poder menjar aquell dia. Té tretze anys i al carrer exerceix de mare de tots. La cinquena, amb només cinc anys i mig endormiscada, s'ha quedat sola i tancada a casa. Hores abans, de matinada, s'ha acomiadat dels grans amb la mà sense fer cap tipus de drama. Ha interioritzat que això és normal; que passar el dia sense cap adult és el que toca. L'única seguretat que té, perquè fins ara sempre ha passat, és que, a la nit, la mare i els germans tornen.

A l'Alaà, la realitat l'ha convertida en la cap de família. La seva mare, de trenta-vuit anys, té una feina temporal que li pot solucionar el malson del lloguer mensual. Així, quan la mare té feina, a l'Alaà li toca vetllar pels menuts. El seu cos, llarg i prim, s'ha anat impregnant d'una responsabilitat que li pesa molt més que el munt d'ampolles que carrega cada dia. De tant en tant, fa alguna petita ganyota de dolor, però el patiment se li veu, sobretot, en la mirada. És punyent i desconfiada. En els seus ulls foscos s'hi pot llegir un retret cap a qui se li acosta, per haver-la deixat sense infància. No ajuden a suavitzar aquest gest reticent les celles que gairebé es toquen i que —amb les seves faccions dures i una cabellera trenada— fan pensar en una petita Frida Kahlo. Tampoc la manera com camina no és la d'una nena de la seva edat. Amb dues o tres aigües a cada mà, recorre amunt i avall el seu tros d'avinguda, el seu territori, el seu món urbà. Arrossega els peus, desganada i un punt robòtica. Intenta col·locar les ampolles gairebé sense interactuar amb els compradors potencials. Va per feina. No parla. No somriu. No expressa. No reacciona. Només mira el conductor, li ensenya l'aigua i si la ignora segueix endavant amb total indiferència, provant-ho amb el pròxim cotxe aturat en una retenció eterna. Tampoc no s'immuta si la insulten o l'amenacen. Es desplaça malhumorada fins a arribar a la zona on treballa la seva germana. Quan hi és ben a prop, li fa un gest còmplice per assegurar-se que tot va bé i refà el camí fins a la seva cruïlla, des d'on controla de reüll tot el que li allarga la vista.

«Tu! Treu-me l'aigua del capó o te la faig empassar!»

La Rahaf té deu anys, només tres menys que l'Alaà, però en ella encara s'intueix una nena. En la manera de vestir: més femenina i acolorida, desafiant el núvol gris de fum i contaminació que els envolta. En la forma de moure's: fent saltirons i xiulant enmig d'una perillosa renglera de vehicles que maniobren per esquivar-la. En com s'adreça als seus possibles clients: «Que Déu us doni uns cabells i un bigoti ben llargs, que Déu us doni una núvia preciosa, que Déu us doni diners!», els repeteix regalant-los una rialla. I si arrufen gaire el nas, a vegades els deixa l'ampolleta sobre el capó del cotxe. Ella juga entremaliada, però, sovint, el conductor, emprenyat, acaba accelerant sense agafar-la i dient-li de tot menys maca. És aleshores que, amb tota la ràbia que pot acumular aquest petit esquitx, remuga: «*Inshallah* –'tant de bo'– se't rebenti una roda!», o alguna cosa pitjor. Però de seguida li passa i la Rahaf torna a arrencar el somriure d'altres conductors. Un d'ells, per exemple, enfilat a la cabina d'un gran camió, li assenyala la càrrega que transporta just darrere: tones de litres d'aigua de la mateixa marca que, tossuda, la Rahaf intenta endossar-li. L'home s'hi comunica cridant des de la cabina. A peu de terra, la Rahaf estira cos i coll per entendre'l i es posa de puntetes per oferir-li l'ampolleta. Finalment, el transportista –vençut per la gràcia incansable de la petita– acaba acceptant. Una nena diminuta davant d'un tràiler gegant. Un infant en un món d'adults.

Sense respectar la posició més o menys habitual d'aquests infants sobre l'asfalt de Beirut, els dos germans van i venen amb una certa intermitència, no tenen una localització tan fixa. Els nens comencen a treballar concentrats, però els costa ser tan constants com elles. Sovint, simplement desfilen al costat de l'Alaà o la Rahaf, com un fill que s'agafa a les faldilles de la mare. Altres vegades, simplement desapareixen del radi d'acció de la gran. Amb set anys, l'Abed és el més menut del grup i la cabra boja dels germans. Dedica una bona part de la seva energia a provocar i esverar-los perquè juguin amb ell. Si no se'n surt, acaba atraient altres nens que netegen sabates o venen CD, roses i tovallons de paper. Amics del carrer amb qui comparteix cruïlles, ponts i autovies com qui comparteix pati d'escola. Qui no apareix durant hores és l'Ali, el tercer dels germans i el que pitjor s'ha adaptat a aquesta nova realitat. Somriu sense ganes i el seu gest es panseix quan creu que ningú no se'l mira. La vista se li perd en algun punt indefinit de les voreres, on passa llargues estones assegut, absent, molt lluny del seu ara i aquí.

«Ets molt guapa... Si puges al cotxe, et compraré el que em demanis...»

El comportament de cadascun d'ells als carrers de la capital libanesa obeeix a una raó, a molts moments viscuts, segurament. L'Alaà, pendent sempre de tots, sap què pot passar si no està ben atenta, amb els ulls ben oberts. Encara ho té gravat a la memòria. I en el gest. Escenifica com la Rahaf, deixant-se endur pels cants de sirena d'un conductor que la convidava a pujar prometent-li de tot, va enfilar-se al cotxe. La germana ja tancava la porta ben il·lusionada quan va notar una estrebada al braç, una estirada tan brusca que la va fer caure del vehicle i va allunyar-la del malson que estava a punt de començar. Era l'Alaà, que havia intuït què estava passant. Va llançar a terra les seves aigües, va engegar a córrer tan ràpid com li responien les cames i va impedir, per ben poc, que potser la Rahaf acabés, com tantes altres nenes abans que ella, assetjada, violada i abandonada a la cuneta d'algun suburbi de la ciutat.

Però aquest no és l'únic ensurt que l'ha fet créixer de cop. Un altre dia, de matinada, va haver d'acompanyar la seva mare a buscar l'Abed, el petit dels nois, pels carrers de Beirut. Es feia de dia i no havia tornat a casa. Algun cop es queda venent aigües fins a altes hores de la matinada, però aquella vegada intuïen que havia passat alguna cosa. I així era. La policia l'havia detingut en una batuda d'infants del carrer i havia passat la nit al calabós. Però, en altres ocasions, expliquen els germans, els tanquen en habitacions i els peguen amb diferents estris, com ara cables elèctrics, o els fan aguantar-se drets damunt d'un sol peu durant hores.

L'Alaà fa de mare al carrer i, d'alguna manera, regala a la seva germana els moments més propis d'infància. Li permet que rigui, jugui o corri mentre ella no abaixa mai la guàrdia.

La Rahaf no s'ha resignat encara a deixar de ser nena. I la seva obsessió es concentra en una sola paraula: *madrassa*, 'escola' en àrab. Vol tornar-hi, com quan vivia a la província de Deir ez-Zor, a Síria. Van deixar d'anar a classe quan Estat Islàmic va començar a ensenyar-los a sumar utilitzant bales i els entrenaven per matar *infidels*. Des d'aleshores, tampoc aquí, al Líban, no hi han pogut tornar. Han de treballar. Les seves ganes d'anar a classe fan que vulgui carregar-se a l'esquena qualsevol motxilla, encara que la bossa en faci dues com ella. O que quan pot agafi un bolígraf i qualsevol tros de paper per dibuixar o escriure. Cap dels germans no ha tornat a seguir una formació reglada, però els seus valors i la seva manera d'estar no tenen res a envejar als que han tingut totes les facilitats acadèmiques. L'Alaà, per exemple, sempre té un *no* educat com a primera resposta a qualsevol oferiment. Fins i tot pot renunciar a menjar, encara que sigui la gana la que l'empenyi a caminar. Sembla que ser objecte de la generositat aliena li suposi una humiliació que no vol acceptar. En canvi, no dubta a compartir amb els seus el poc que té entre mans.

«Torneu a Síria, que només feu que robar i empobrir el Líban!»

Això sí: amb els diners no s'hi juga. Els menuts tot el dia fan càbales amb el que guanyen. A mitja jornada, la Rahaf ja ha fet sis mil lliures libaneses, encara no quatre euros. Té ben clar a què els destinarà: cinc mil són per donar-les a la mare quan s'hi retrobi de nit. La resta se la gastarà en el seu caprici del dia: una bossa de patates o un paquet de galetes i amb això alguns dies ja haurà menjat en una dieta del tot desajustada. Compten les monedes i els bitllets com si amanyaguessin un tresor i s'amaguen el botí als llocs més impensats per evitar que en baralles amb altres nens —sirians o libanesos— acabin perdent-los o els els robin.

Cau la nit i els nanos canvien de lloc. Sota el pont on treballen de dia no s'hi veuen gaire, tot i els fars dels cotxes que hi passen. Busquen la seguretat de l'enllumenat públic. Després de tantes hores, els germans estan entre esgotats i accelerats. Alguns d'ells encara allargaran una mica més la jornada. La resta tornaran a casa. O millor dit: a dues habitacions minúscules a la part alta d'una estructura raquítica de quatre plantes. La coberta és de zinc i fa que tant la calor com el fred es multipliquin fins a extrems insuportables. A l'estiu aquest sostre converteix l'espai interior en un autèntic forn que els expulsa a la zona exterior, on dormen a terra sobre matalassos prims. Molts dies no s'hi estaran ni cinc horetes abans no tornin a trepitjar l'asfalt altra vegada.

«Els vostres pares us utilitzen, haurien de ser tots a la presó!»

L'endemà, quan es desperten, per si no n'hi hagués prou amb l'esgotament crònic i la gana, han de pair una mala notícia. No es tracta que se'ls hagi trencat una joguina, perquè no en tenen. O que el pare marxi a treballar i l'enyorin, perquè ja fa temps que els ha abandonat. Ni que avui no puguin esmorzar el que voldrien, perquè la nevera esgavellada fa dies que continua buida. La mare els ha dit que s'ha quedat sense la feina precària que tenia i saben per experiència que no serà fàcil que en trobi una de nova. Això si la troba. De nou, s'angoixen de veure com recau sobre ells tota la responsabilitat de portar diners a casa. Ja no tan sols per comprar menjar, sinó per pagar el lloguer de gairebé 350 euros mensuals que representen, per a ells, una vida sencera venent ampolles d'aigua al carrer. La pressió seria insuportable, si sabessin en quantes aigües minerals es tradueix el deute de prop de 3.000 euros de la família amb els traficants que els van facilitar creuar la frontera de Síria cap al Líban per fugir de la guerra. Un periple d'hores que van fer caminant.

Amb ferides en uns peus ensangonats. En un silenci tan imprescindible com difícil de mantenir per als més petits. Sobretot si no volien ser descoberts pel règim o els rebels sirians ni tampoc per les autoritats libaneses, encarregats d'impedir la seva entrada. Ha passat molt de temps, des d'aquell moment tan tens. La família intenta oblidar-lo, però els records i els deutes ho fan difícil.

Capítols de tensió com aquest han fet envellir molt la Yazi. No arriba a la quarantena, però pujar els fills en aquestes condicions és una lluita constant, un patiment diari. A ella la van casar amb només quinze anys a Síria, amb un home quaranta anys més gran, que ara en té gairebé vuitanta i deu fills més amb una altra dona. Potser per la seva experiència sap que —per difícil que siguin les seves vides— no casarà cap de les seves nenes. Moltes famílies refugiades, empeses pel fet de no poder ni alimentar-les, acaben cedint-hi. A part de ser un fet culturalment més acceptat a la regió, pensen que, tot i ser menors, un marit oferirà a les seves filles una estabilitat que ells no poden proporcionar-los. Seguretat econòmica, però també física. Casant les petites eviten que puguin ser violades en camps de refugiats o assetjades als carrers de les ciutats, com va estar a punt de passar-li a la Rahaf. Casant-les també preserven un valor prioritari davant la comunitat: l'honor. El mal entès honor familiar. Però, en molts casos, les nenes s'acaben divorciant per la duresa d'un matrimoni del tot antinatural. Algunes es queden embarassades aviat. En alguns casos perden la vida mentre gesten o pareixen un fill que les esqueixa per dins i per fora. Per dintre, perquè la seva ment encara no està preparada; per fora, perquè els seus cossos tampoc estan prou desenvolupats.

«Cinquanta mil lliures libaneses, si et fiques al llit amb mi!»

No, de cap manera farà casar les seves filles. Això ho té clar. Però la Yazi es pregunta cada dia —mentre treballa o bé tancada a casa per por de ser arrestada— si les nenes tornaran. Durant eternes jornades no hi té cap mena de contacte. Com a mare, desitjaria no haver-les de veure treballar, però no té alternativa. De fet, van ser elles les que just arribar al Líban i veient altres nens venent coses al carrer van dir d'ajudar-la. Un oferiment que l'enorgulleix i l'angoixa a la vegada. Tem que les assetgin, que els facin les mateixes proposicions amb què ella es troba molts dies quan torna tard al barri, on en diferents ocasions han intentat violar-la. Tem, també, que algun dels seus fills pugui ser un nou Ahmad. L'Ahmad va morir amb només catorze anys, mentre fugia d'una persecució policial pels carrers de Beirut. Espantat, va desequilibrar-se i va caure pel tub de ventilació d'un edifici en construcció on s'havia amagat. Van trigar tres dies a trobar el seu cos. Al costat del cadàver, hi havia tan sols deu mil lliures libaneses que havia guanyat netejant sabates aquella jornada.

Per un moment, va semblar que la mort de l'Ahmad havia sacsejat la consciència de la societat i posava al centre del debat la política del país sobre els menors refugiats. En la majoria de casos, se'ls tracta com a autèntics criminals davant la passivitat d'una part dels libanesos permeables al discurs de l'odi que fomenten les autoritats. Però, malauradament, la tragèdia de l'Ahmad només és l'última d'un degoteig constant d'abusos policials i no ha suposat cap tipus de benevolència cap als milers de nens sirians que fan vida a la intempèrie. Tot continua igual, normalitzat i invisibilitzat. Ningú no vol veure l'Abed treballant en un taller mecànic mentre respira pintures tòxiques i solda, perillosament, trossos de xapa. Ni la Baraà pelant durant hores quilos d'alls amb les mans plenes de talls. Ni el Mohammad carregant pedres que pesen més que ell per construir una casa.

Ni la Zaynab sota cinquanta graus collint verdures de sol a sol mig desmaiada. Ni un petit, de qui no ha transcendit el nom, que han trobat mort a la part de darrere de l'establiment on treballava, penjat d'una corda.

Però la resiliència és patrimoni mundial de la infància. I, com cada dia, a la cruïlla de semàfors de Beirut apareixen l'Alaà i Rahaf. Al cap d'una estona, una *madame* libanesa, amb turbant i enfilada en un cotxe luxós, abaixa la finestreta i, com altres conductors, també els escup odi:

«Li dius a la teva mare i al teu pare, que us han portat aquí, que el govern libanès us agafarà a tots i us enviarà de tornada d'allà on veniu.»

«*Inshallah*, senyora. *Inshallah* un dia puguem tornar al nostre país!», li etziba somrient i educada la petita Rahaf. Amb els seus deu anys tan ben posats.

# Quan de petita et casen amb qui t'ha violat

## Fatma: un vestit de núvia per amagar l'aberració

La imatge era hipnòtica: desenes d'adolescents vestides de núvia concentrades en una petita plaça de la capital libanesa. M'hi vaig apropar encuriosida, pensant que es tractava d'alguna iniciativa escolar o festiva. Però, a mesura que m'hi atansava, en aquella roba impol·luta i blanca hi anava distingint taques vermelles. Era sang. I teles d'un color de carn que cobrien parts dels seus cossos. Eren gases. I algunes de les noies sostenien crosses per poder caminar. De lluny, l'estampa irradiava una gran puresa, però de prop era esperpèntica. El meu somriure inicial s'estripava com els vestits de casament esparracats que tenia davant. Com les vides que aquelles noies intentaven recompondre.

Un gran cartell escrit en àrab encapçalava la marxa. No entenia què hi deia i vaig preguntar-ho a una de les joves que cridava indignada. Ho feia amb un megàfon que s'acoblava amb un so tan punxant com aquella imatge. En anglès, i visiblement afectada, va traduir-me el lema de la protesta: «Un vestit blanc no amaga una violació.» El meu gest devia expressar que no ho acaba d'entendre i va aclarir-m'ho: «No volem que ningú més s'hagi de casar, com hem patit algunes de nosaltres, amb el seu violador!».

Sense saber-ho, estava sent testimoni d'un dels actes de campanya més importants que s'havien fet mai abans a Beirut contra aquesta anomalia legal i que va premiar, fins i tot, les Nacions Unides pel seu gran impacte. Aquelles adolescents —algunes víctimes d'una violació, altres activistes— sortien al carrer per exigir al Govern libanès la derogació de l'article 522 del Codi penal. Una disposició que, m'expliquen a peu de manifestació, permet a un violador quedar en llibertat sense judici, si es casa amb la seva víctima. Una aberració a què havien sobreviscut totes aquelles nenes i que es reproduïa encara en altres països àrabs.

Des d'aquell dia, les protestes arreu del país no van tenir aturador: vestits blancs ensangonats en grans tanques publicitàries, penjant sobre els ponts i al passeig marítim de la capital per sacsejar una societat ignorant o, encara pitjor, indiferent davant d'aquesta xacra. Són poques, les agrupacions libaneses que centren el seu activisme en la protecció dels drets de la dona, però ABAAD —organització veterana i impulsora de la *performance*— s'havia proposat fer envermellir, no de sang sinó de vergonya, la cara del Govern. Per preservar les menors, libaneses i sirianes, l'ONG no permet que els mitjans de comunicació hi tinguem accés directe. Però sí que, passat un filtre, ens faciliten el testimoni d'una de les víctimes amb qui encara treballen. Podia haver estat qualsevol de les petites que eren a la plaça aquell dia, pensava de manera recurrent. Per una qüestió de privacitat, no me'n donen la identitat real. El seu nom fictici és Fatma.

«Només tenia catorze anys quan em van obligar a casar-me amb qui m'acabava de violar.»

Així comença a narrar un infern que s'iniciava al si d'una família que ja escapava d'un altre drama. A causa de la guerra de Síria, la Fatma i la seva família es veuen obligats a marxar, primer a un camp de desplaçats i després a un altre poblat.

En la situació d'extrema fragilitat en què estaven, els refugiats intentaven donar-se escalf moral visitant-se sovint i teixint intenses relacions afectives amb el veïnatge. Un context en què la nena va fer-se amiga íntima de la filla petita de la casa del costat. Des del principi, recorda una situació que la incomodava. Però no va ser a temps de redreçar-la i evitar-ne el desenllaç:

«Cada cop que anava a jugar amb ella, notava que el seu germà gran em mirava de manera estranya. Així que vaig decidir evitar-lo. Però una nit en què els meus pares havien sortit a sopar i m'havia quedat sola a casa, algú va trucar a la porta. Vaig obrir-la, com havia fet tantes vegades. De cop, un home que en feia dos com jo em va empènyer i em va tirar a terra, va pegarme i va començar a arrancar-me la roba.»

Fa una pausa per refer-se i continua, amb la veu cada cop més entretallada.

«Em va violar. Primer amb la mirada i després amb el cos, com un animal, semblava un llop menjant carn fresca. Després va marxar corrent, em va deixar estesa, mig inconscient.»

Aquella nit, la Fatma va plorar desconsolada ofegant els sanglots amb el coixí per no alertar els seus pares. Va ser l'endemà, ja més serena, quan va decidir compartir-ho amb la seva millor amiga, la germana del violador.

«"No puc ajudar-te; a més, ja saps com és, ell." És tot el que va poder dir-me la persona amb qui fins llavors havia compartit mil confidències i secrets, també sobre els nens que ens agradaven.»

Sense ningú més a qui recórrer, la Fatma va acabar confessantse a la seva mare. Tot i tenir només catorze anys, aquesta nena no buscava el consol maternal, sinó convèncer-la que ella no en tenia la culpa, d'haver estat violada.

«Ja no esperava un: "Com estàs, filla?", sinó un "Què has fet per provocar-lo?". Per desgràcia, no anava desencaminada. Tampoc no em va sorprendre quan amb la mare vam anar a parlar amb la família del violador, bons amics dels meus pares. Van reaccionar com era d'esperar: "No és culpa del nostre fill, sinó de la teva, que va seduir-lo".»

Seguidament i amb la resignació de qui creu que no hi ha alternativa, les mares van acordar casar violador i violada. Mai no li van demanar què en pensava, ella, d'aquella decisió. Durant els dies següents, la Fatma veia com el seu pare l'evitava en lloc d'acompanyar-la i que s'havia d'amagar del seu propi germà, que, embogit, la va intentar agredir amb un ganivet de cuina acusant-la d'haver deshonrat la família.

«Era duríssim veure com, amb el temps, el meu germà va poder perdonar qui m'havia violat, convertit en el meu marit i el seu cunyat... però a mi em seguia fent culpable de tot el que ens havia passat.»

Tots li plantejaven el matrimoni com la millor opció per evitar ser assassinada. En el seu cas, i fent referència al lema de la protesta inicial, un vestit blanc sí que va acabar amagant una violació. Però no tan sols això: la nit del casament i en totes les que vindrien, va ser víctima d'abusos sexuals continuats.

«Em sentia morir, cremant de ràbia per dins. A més de pegarme, m'humiliava amb frases com: "No em casaria mai amb una dona a qui he violat si no fos per evitar la presó." "No seràs mai la dona dels meus somnis, perquè no ets una noia com cal" o "Penses, de veritat, que vull un fill teu? Impossible!".»

Al cap de tres mesos d'aquell matrimoni arreglat, va quedar embarassada. Però no va tenir temps ni de plantejar-se si volia la criatura. En una de les pallisses diàries, va perdre el nadó. Recorda el moment com si fos ahir: la sogra s'havia queixat que no ajudava prou amb les feines de casa i això va sulfurar el marit de la Fatma. La mateixa sogra, veient-la a terra enmig d'un toll de sang, demanava al seu fill que la deixessin morir, que ningú no ho havia de saber, que no la volien. Ni a ella ni al fill que portava. Era clar que només l'acceptaven com a nora per esquivar la justícia. Per a la Fatma, aquest va ser un punt d'inflexió dolorós, però alliberador a la vegada.

«Tenir un fill, encara que fos d'ell, em feia feliç, perquè em donava força per tirar endavant. Quan el vaig perdre, em pensava que em moriria de pena. Però amb el nen també vaig perdre la por, que ja no he sentit mai més.»

Amb la sensació d'haver tocat fons, es va veure capaç de demanar el divorci a un marit que el desitjava tant o més que ella, perquè ja havia superat el temps establert perquè el delicte quedés prescrit. Podria separar-se sense cap risc d'acabar a la presó.

Ara, la Fatma és una noia de divuit anys. S'ha refugiat al Líban, on va a l'institut centrada en els estudis. El seu somni és formar-se en psicologia. Admet que les sessions amb els professionals de l'associació l'han tornat de la mort a la vida. Està instal·lada a casa dels pares, dels qui finalment ha obtingut suport. Però no conviu amb el germà, que continua sense acceptar-la. Ella assegura que no li té en compte. També ha intentat trucar a qui va ser la seva millor amiga en aquella època —la germana de qui va violar-la—, però mai més no li ha despenjat el telèfon. Necessita justificar-la pensant que té por de represàlies.

Amb el temps comença a ser capaç de mirar enrere. I es penedeix de les decisions que va prendre amb només catorze anys:

«Per què vaig acceptar casar-m'hi? No ho volia i fent-ho em vaig destrossar la vida... Ara no cediria. Aniria al metge i denunciaria la violació sense importar-me què digués la gent ni la família, no em conformaria a ser una víctima. La cultura i la tradició no ens tenen cap compassió ni respecte i som nosaltres, les dones, les que hem de trencar el silenci per defensar els nostres drets i llibertats. Ningú no ho farà per nosaltres. I menys els homes.»

Aquesta és l'actitud que intenta transmetre a les seves germanes. Mentalment, la Fatma ha crescut molt més que els quatre anys que han passat des d'aquella nit que no pot oblidar. Però, superat el sentiment de culpa a què la van abocar de manera injusta i cruel, ara té una cosa clara:

«Encara que una dona sedueixi un home amb la seva mirada, aspecte o gest, res no l'autoritza a violar-la.»

L'estigmatització de la Fatma no és un cas aïllat, sinó que respon a una mentalitat estesa en bona part de la població. Un vídeo amb molt d'impacte a les xarxes socials ho demostra de manera gràfica. S'hi veu una jove que camina plorosa pels carrers de Beirut. Com les nenes de la plaça, també esparracada. Algunes persones —veient-la tan angoixada— s'interessen pel que li passa. En un primer moment, l'escolten, l'assisteixen..., però quan la noia explica que acaben de violar-la, la reacció de la gent canvia sobtadament, com també la seva cara: ja no mostren preocupació. Ara riuen i la menystenen:

«Que potser t'has drogat? Què has begut?»

«T'estàs posant cada cop més en evidència! És millor que callis i no expliquis què t'ha passat.»

Per si no n'hi hagués prou, insinuen que, si ha estat atacada, segur que és perquè s'ho ha buscat, talment el que havia hagut d'escoltar la Fatma. De fons, s'escolten aquests comentaris:

«Va d'home en home! Està claríssim que no és la primera vegada que li passa...»

«Pobra... podria ser ma germana!»

«La teva germana mai no es vestiria amb aquestes faldilles i una samarreta de tirants! Només és una prostituta que han utilitzat i ara han deixat tirada.»

Després de visionar un minut que es fa llarg, arriba el gir final: estem davant d'un experiment social. La jove suposadament violada és una actriu que, amb una desena de càmeres i micròfons ocults, ha gravat durant tota una jornada l'escena pels carrers de Beirut. Si bé la violació era fictícia, la reacció de la gent era ben real. El rodatge va ser d'alt voltatge, fins al punt que els insults i els atacs verbals rebuts van ensorrar emocionalment l'actriu circumstancial, una activista francesa acostumada a fer front a situacions semblants.

Després d'analitzar les reaccions del carrer, van constatar que el grau d'agressivitat dels libanesos no variava en funció de la zona de la ciutat, el nivell econòmic, la condició religiosa ni sexual. Tampoc el fet de ser dona no atenuava la brutalitat de les crítiques llançades cap a la noia. Darrere d'aquesta trencadora iniciativa, hi ha la mateixa ONG que va impulsar la campanya dels vestits de núvia ensangonats. Ghida Anani, directora d'ABAAD, argumenta que no pel fet de ser dona se sent empatia en un major grau. La reacció, subratlla, té més a veure amb allò que és acceptable o no en la societat on vius, en aquest cas, de mentalitat profundament patriarcal.

El vídeo és de mal veure, però les reaccions a les xarxes socials no són pas millors que les opinions de la gent a peu de carrer. Molts usuaris coincideixen amb la percepció general captada durant la gravació. Simplificant, tot es redueix a: si t'han violat, és perquè t'ho has buscat. I aquest és el discurs que diferents ONG intenten combatre, posant el focus i la responsabilitat en el violador i no pas en la víctima, a qui s'encoratja a parlar i a trencar l'aïllament que es forma al seu voltant. S'enfronten, però, a potents lobbies de pressió. Tentacles polítics i religiosos —forts i entrelligats en un estat sectari— treballen per paralitzar qualsevol canvi legislatiu o enduriment del Codi penal que perjudiqui la situació privilegiada de l'home. Això facilita que es continuïn socialitzant, acceptant i no castigant amb prou duresa conductes delictives com una violació.

La llavor del canvi està en l'educació. Algunes organitzacions —també poques— intenten treballar aquestes qüestions entre els més menuts. Però no és fàcil. A banda de ser una temàtica delicada, molts pares i mares no estan preparats. Si es vol que les nenes denunciïn, cal que abans identifiquin i entenguin què els ha passat. La Fatma, per exemple, recordava la confusió que tenia a l'hora de determinar què havia succeït aquella nit a casa seva i quina part de responsabilitat requeia sobre ella:

«En un primer moment, no sabia si el que havia patit era o no una violació, perquè no m'hi vaig resistir. No podia, ni físicament ni emocionalment. Estava paralitzada. També em voltava pel cap que potser no era tan greu si qui abusava de mi era el fill d'uns bons amics dels pares. I dubtava de si, sense ni adonar-me'n, havia pogut provocar-lo, perquè era el germà gran de la meva millor amiga.»

La denúncia de l'abús sexual és un tema tabú en moltes escoles, però s'hi està introduint amb tacte. Una de les iniciatives posa al servei de la causa una de les tradicions culturals més estimades al Pròxim Orient: els titelles i les ombres xineses. En habitacions fosques, projectats sobre teles de seda, prenen vida personatges de la cultura libanesa i siriana. L'Ahmad i la Rasha, dos joves artistes, hi posen l'ànima i es converteixen en la veu de mil i una històries. Adapten contes que eduquen en temes tan sensibles com els abusos sexuals, els matrimonis infantils forçats o la violència domèstica. Els activistes porten els seus titelles a centres d'arreu del país, i ensenyen les seves tècniques al professorat d'una quinzena d'escoles libaneses perquè la sensibilització pugui arribar a més infants.

Molts subestimen, per ignorància, la utilitat d'aquestes actuacions i campanyes. D'altres les temen, i amenacen qui té el coratge i la mirada necessaris de posar-les en marxa. Són, en la majoria de casos, dones que, com autèntiques gotes xineses, acaben fent forat a l'enrocat sistema patriarcal. Tant és així, que la *performance* dels vestits de núvia, blancs, ensangonats i esparracats, ha culminat amb l'assoliment del seu objectiu final: la supressió de l'article 522 del Codi penal libanès, pel qual un violador evita la presó si es casa amb la seva víctima. Gràcies a un teixit social reduït, menys mediàtic, però resistent com els vestits, no hi haurà, almenys al Líban, més Fatmes.

# Quan ets mare d'un fill... d'Estat Islàmic

## Hiyam: de víctima a supervivent oblidada

T'imagines ser segrestada per Estat Islàmic amb poc més de setze anys? Venuda com a esclava sexual fins a tres vegades? Violada i colpejada cada dia? Quedar-te embarassada d'un dels gihadistes que t'ha comprat? T'imagines veure't obligada a deixar el teu fill a una ONG perquè, quan finalment aconsegueixes escapar-te, la teva comunitat t'accepta a tu, però no la criatura? Sentir com alguns veïns et critiquen a l'esquena i et culpen de ser víctima de la barbàrie? T'imagines haver de passar aquest calvari en un camp de refugiats, perquè aquells que t'han assetjat també arrasaven el teu poble? I viure-hi sense més ajuda que un còctel explosiu de pastilles que just et permet aixecar-te? T'imagines, a més, tenir el coratge d'explicar el teu testimoni a una societat que no ha mogut ni un dit per ajudar-te, però a la qual encara pressuposes un mínim d'humanitat i justícia?

Jo era incapaç d'imaginar-ho. Però, sí: existeix una història així d'impensable i una noia amb la capacitat de reviure-la per superar-la. Ella és la Hiyam. El moment d'escoltar en directe la seva vivència era dels que, ja *a priori*, em generava més respecte del viatge que ens portava cap a Síria, fent parada al Kurdistan iraquià. Havia llegit sobre aquestes víctimes. Però, després de conversar amb ella, les considero, de totes totes, unes autèntiques supervivents..

El testimoni de la Hiyam és un dels que més m'ha remogut durant aquests anys de corresponsal. I la seva entrevista, de les poques en què no he pogut reprimir les llàgrimes i he acabat sent consolada pels qui tenien tots els motius per plorar-les. Hi anava nerviosa, sabent que ens trobaríem amb una noia que havia patit un drama difícil de verbalitzar: segrestada durant pràcticament quatre anys per Estat Islàmic i havent quedat embarassada per l'últim dels tres gihadistes que l'havia comprada com a esclava sexual. Però em pensava que, després d'aconseguir escapar-ne i haver retrobat la seva família, aquesta jove estaria començant a sortir d'aquest pou tan inhumanament real. Però és just el contrari. La Hiyam lluita cada dia, encara ara, per despertar-se i no caure en la temptació a què han cedit algunes de les seves companyes per acabar amb tant patiment: el suïcidi.

Ara té vint-i-un anys i ens rep en pijama a la seva nova casa: una petita tenda de plàstic en un enorme camp de refugiats al Kurdistan iraquià, a pocs quilòmetres de la frontera siriana. La seva ciutat, Sinjar —capital històrica dels yazidites i el més gran enclavament d'aquesta minoria religiosa al nord-est del país—, va ser envaïda i arrasada per Estat Islàmic el 2014. Ni ella ni bona part de la seva comunitat no han pogut tornar-hi, malgrat que els extremistes ja fa temps que en van ser expulsats. És gairebé migdia, però el campament fa poc que ha començat a llevar-se, seguint un ritme lent i desganat. Pocs dels refugiats tenen una rutina, una motivació o una esperança que els faci aixecar del llit més aviat. Entrem al seu habitacle de poc més de deu metres quadrats. A terra, matalassos prims són llits de nit i sofàs de dia. També muntanyes de mantes acolorides per escapar del fred punyent de l'hivern. Al costat, una estufeta que funciona ben poques hores i mai després de mitjanit, quan tallen l'electricitat al camp. Veiem alguns utensilis ben bàsics per cuinar un menjar escàs. La gana s'evita a còpia de tasses de te o de cafè mentre maten les hores i, si poden, els records. La pluja i el vent —que es colen per aquest mar de plàstic blanc— no ajuden a aixecar l'ànim.

De la Hiyam, el primer que m'impacta és que sembla molt més gran del que és. Podries posar-li, fàcilment, deu anys més. És normal, si tenim en compte el que ha viscut abans d'arribar a la vintena. En aquesta regió és habitual veure una població molt castigada físicament. Morena de pell, cabellera negra i ulls foscos, la nostra protagonista ens acull amb un somriure càlid que ajuda a trencar el gel i allunyar la sensació que li estàs robant el poc que li queda, la seva història més íntima. Ella, que ho percep, de seguida intenta fer-nos sentir bé —ella a nosaltres!?— i ens dona les gràcies per ser allà i voler difondre el seu cas. Un drama que, per increïble que sembli, no és pas únic entre les joves d'aquell camp.

Pronuncia tímidament les primeres paraules davant una bona part de la seva família, que també és dins la tenda. El seu pare no se'n separa ni un moment. Ni els germans. És com si, per allunyar-se d'ella un instant, poguessin tornar-la a perdre per sempre. Mentre ens situem per fer l'entrevista, em pregunto com la Hiyam podrà explicar-nos l'infern que ha patit envoltada dels seus. La majoria de noies s'estimen més relatar el seu testimoni a soles. Debatem amb l'equip sobre si és convenient preguntar-li si prefereix parlar sense la presència de familiars. Però arribem a la conclusió que, si ella no ens ho demana, podria resultar violent, fins i tot insultant, insinuar-li que els seus haurien de sortir de la tenda perquè uns estranys, que som nosaltres, puguem parlar-hi. Acostar-se, en aquestes situacions, no és fàcil. Has d'inspirar confiança i que no sembli compassió o condescendència. Has de preguntar qüestions sensibles sense caure en el sensacionalisme o la morbositat. Has d'acompanyar el testimoni a un passat dolorós sense empènyer-lo a l'abisme de què justament vol escapar. D'això me n'han ensenyat moltíssim l'Oriol i el Tariq. A part de ser el càmera i el productor de l'equip, són periodistes amb molts més anys d'experiència sobre el terreny que jo. També som amics, la família triada aquí, amb qui consensuem sempre com abordar aquestes realitats tan extremes i delicades.

Comencem la conversa a cop de monosíl·labs, cosa que em fa témer que serà una entrevista poc fluida. Però m'equivoco. Quan encenem la càmera i la il·luminació, la Hiyam es transforma. El seu gest tímid, la seva veu trencada, es converteixen en una presència contundent. Parla serena i reflexiva. Sense aturar-se i de manera perfectament ordenada, desplega el seu infern en un monòleg d'un quart d'hora llarg. Tenim la sensació que necessita expulsar el que, per dins, continua torturant-la.

La Hiyam forma part de la minoria religiosa yazidita, de les més antigues de l'Iraq i històricament perseguida. Els kurds i els àrabs sempre els han volgut convertir. Però Estat Islàmic va anar més enllà i va sentenciar que els seus membres mereixen morir, per infidels i seguidors del diable. Una excusa que els donava tot el dret a acarnissar-se amb les dones d'aquesta comunitat, per a qui aquest règim del terror establia —d'una manera macabrament regulada— quan podien ser venudes, regalades o violades sistemàticament. De nou i com sempre, el cos i el destí de la dona convertits en arma de guerra.

Comencem l'entrevista amb una pregunta genèrica. Volem que ens expliqui la seva història i que sigui ella qui triï com abordar-la. Emprèn el relat relaxada, però un pèl mecànica. Ho té tot ben gravat a la memòria i avança per aquest passat dolorós evitant un present al qual comprovarem que no vol arribar. Els darrers quatre anys de la noia ens deixen sense paraules. Primer retrocedeix a quan vivia el que, per edat, li pertocava: la seva adolescència i joventut. Amb la seva família, a Sinjar, es dedicava a la ramaderia. Criaven ovelles, un animal que apareixerà unes quantes vegades en el seu relat per subratllar que a casa seva tractaven millor les bèsties que els gihadistes les persones. A banda, tenien una botigueta on sovint ella despatxava. Quan, l'agost del 2014, els extremistes irrompen al poblat, tots ells corren a la muntanya per evitar ser capturats. Però, després d'aconseguir fugir amb poc més del que portaven posat, la gana i la set els obliguen a baixar a la ciutat, moment en què aquesta colla de bàrbars aprofiten per segrestar-los. La Hiyam feia només quatre mesos que s'havia casat amb l'home de qui encara està enamorada. S'emociona per un instant, però continua el seu relat. Amb el segrest, els perd de vista a tots plegats. L'infern que viurà, amb truculentes variants, es repeteix a les poblacions on s'estén la taca negra d'Estat Islàmic. Els gihadistes separen els homes de les dones. Als primers, els assassinen en massa. Els cremen vius en grans fogueres, on també llancen les dones que s'atreveixen a alçar la veu mentre són obligades a presenciar la massacre. En altres llocs, els homes són afusellats en renglera al costat de fosses cavades als afores dels nuclis urbans i rematen els ferits amb el tret de gràcia. Això explica per què en els entorns yazidites veiem moltes dones i nens, però poca presència masculina.

Amb aquest primer horror gravat a la retina, traslladen la Hiyam primer a Mossul, la pretesa capital iraquiana d'Estat Islàmic. Després a Raqqa, el centre de poder dels extremistes a Síria. L'esperen quatre anys de captiveri en què la vendran fins a tres vegades. Cada nou propietari era pitjor que l'anterior. El primer comprador tenia dona i fills. Va estar-s'hi prop de quatre mesos. D'aquesta família ens n'explica ben poc. Allò que per a mi ja és cruel i insuportable no era res davant el que li esperava. Després —i sense especificar-li el motiu—, aquest combatent la ven a un segon home. D'aquest gihadista, sí que en subratlla que era l'imam d'una mesquita. La va obligar a aprendre àrab i a recitar textos de l'Alcorà, i l'apallissava si no recitava els versos amb veu prou forta i clara. Aquest nou tràngol va durar pràcticament un any. Després va tornar a canviar de mans. La van vendre per uns 1.200 dòlars, un preu suposadament elevat i un senyal —ens explica— que era una noia disputada en aquest macabre intercanvi en què la dona es reduïa a una mercaderia. Altres joves eren directament regalades i les humiliaven encara més, dient-los que ni com a esclaves sexuals no eren prou bones o atractives. A les que ningú no volia les lligaven al carrer i les deixaven morir de gana i set, abandonades com animals, lamenta la Hiyam, sabent-se, comparativament, afortunada.

El tercer comprador la va forçar a signar un acord semblant a un matrimoni. Passava a ser una esposa més de l'extremista. Però a ella li tocava servir totes les altres dones i fer-se càrrec de les tasques domèstiques de la casa on convivien plegades. Cada dia li pegaven elles i la violava ell. Després de gairebé dos anys, va aconseguir escapar-se'n. No ens explica com ho va aconseguir i no sembla que vulgui detallar-nos-ho. En la majoria de casos, les noies aprofiten un descuit dels seus raptors, però també poden ser rescatades per contrabandistes que, pagats per les famílies, es dediquen a alliberar-les. Cada cop més, aquesta tasca la fan organitzacions especialitzades sense ànim de lucre, que es dediquen a recuperar joves segrestades. I ho escric en present, perquè, encara ara, mentre parlem d'aquest cas, al voltant de 3.000 joves yazidites continuen escampades per l'Iraq i Síria.

La Hiyam fuig ignorant que està embarassada. Un embaràs que marcarà el seu futur immediat. Un fill o una filla —no m'atreveixo ni a preguntar-li-ho intuint el dolor que li causa— que no és amb ella, a la tenda on seguim enraonant. S'ha vist obligada a entregar el nadó a una ONG. La comunitat yazidita que l'acull accepta la seva tornada, però no la de la seva criatura de mesos. Entenen que el nouvingut forma part del pla d'extermini contra el poble yazidita promogut per Estat Islàmic, i que això fa impossible una vida conjunta.

Durant la conversa aguanta sencera i amb la mirada a estones perduda repassa minuciosament aquests passatges. Sembla que ha sabut armar-se d'un bon sistema d'autodefensa. Però, de cop i per sorpresa, es trenca. Plora desconsolada quan li preguntem per la part que, suposàvem, hauria de ser menys dolorosa: la seva vida en aquest campament del Kurdistan iraquià. S'ensorra recordant els retrets d'alguns veïns, que li diuen que s'ha deixat robar l'ànima pels gihadistes, que l'han convertida en musulmana i que el seu fill és part dels monstres que han volgut aniquilar-los. Té la necessitat de justificar-se, com si constantment se sentís jutjada. Es convenç a ella mateixa, repetint-ho una vegada i una altra, que donar la criatura ha estat la millor opció per a tots. Però admet que se sent com si li haguessin amputat una part més del seu cos, castigat ja a nivells màxims de dolor. Es tapa la cara mentre els seus pares i germans s'eixuguen les llàgrimes i nosaltres fem esforços —jo sense èxit— per contenir-les. Parem de gravar. El patiment acumulat, sumat ara a l'estigma i la incomprensió, la sobrepassa. I ens sobrepassa. Ella, ens explica, només havia escoltat tanta maldat en rondalles que els seus antecessors li narraven quan era petita al voltant del foc. Llavors, era impossible pensar que la realitat podia superar la ficció.

Però no tan sols les noies com la Hiyam viuen devastades: les seves famílies i la comunitat emmalalteixen de dolor. El pare de la noia té una patologia mental per la qual hauria d'estar en tractament. I, evidentment, no el rep. Durant l'entrevista, el pare interromp la filla constantment. No pot reprimir el dolor que li genera escoltar-la. Li bull la sang i això fa que a vegades no s'entengui ni el que vol traslladar-nos, que bàsicament és ràbia continguda i frustració. La mare està caient en una depressió i de tant en tant, i sense explicació, es desmaia; una germana s'està quedant cega i una altra està perdent —ens diu literalment— el cap, embogint de tristesa. Un panorama que, evidentment, no ajuda la Hiyam a refer-se. Està envoltada de gent, però se la percep sola, aïllada, incompresa, castigada injustament, pel passat i pel present. Ara, amb vint-i-un anys, ja no és la noia de setze que la família recorda i vol recuperar; la família tampoc no és la mateixa ni la que pot acompanyar aquesta jove a remuntar. El trencaclosques s'ha desfet i és impossible tornar-lo a encaixar. No saben ni poden cuidar-se.

L'únic moment en què s'albira un bri d'esperança als seus ulls és quan parla del seu marit desaparegut, l'home amb qui s'havia casat quatre mesos abans que Estat Islàmic li destrossés la vida. Ningú no li ha pogut prendre aquesta il·lusió, encara.

Malgrat tenir-ne tots els motius, en aquesta ciutat de tendes ningú no planta cara. Bàsicament perquè no tenen energia ni interlocutor a qui queixar-se. En el camp on som no arriba cap ajuda, ens asseguren, més enllà de l'assistència puntual que el Govern kurd, desbordat, proporciona a les víctimes de l'organització extremista. I es limita a subministrar-los una combinació explosiva de medicaments sense els quals la Hiyam reconeix que no podria ni atendre'ns.

Quan ens ho explica, entenem per què el primer dia que vam quedar amb ella ens va ser impossible localitzar-la. No era al camp, ens deien els seus coneguts. Durant aquella jornada, el seu mòbil i el de la seva mare van estar apagats. Sabíem que la Hiyam volia parlar amb nosaltres i no ens quadrava que se n'hagués desentès i que s'hagués esfumat. L'endemà, la jove es va disculpar avergonyida, al·legant que li havien robat els telèfons. Era possible, però també estrany, en aquest camp de refugiats. A mesura que l'escoltàvem, vam entendre que potser, tot i les ganes de rebre'ns, ni el seu cos ni la seva ment no estaven en condicions de fer-ho. Després de l'entrevista —ja més tranquil·la i confiada—, reconeix que ha hagut de cancel·lar algunes trobades a última hora perquè se li fa impossible contestar el que li pregunten.

A uns quilòmetres del seu campament, visitem una de les poquíssimes ONG que treballen sobre el terreny per intentar pal·liar el dolor d'aquest col·lectiu per a molts invisible. És la Free Yezidi Foundation, que s'estableix al Kurdistan el 2015, quan Estat Islàmic ocupava —entre Síria i l'Iraq— un territori d'una extensió semblant al Regne Unit i controlava prop de deu milions de persones. Els responsables d'aquesta organització ens reben a l'interior del camp on treballen. Tot i estar en un terreny veí del de la Hiyam, inexplicablement la burocràcia del país no permet que s'hi traslladi. Uns barracons blancs acullen noies a qui donen formació i, sobretot, assistència psicològica. Altres supervivents que han pogut recuperar-se els imparteixen classes. Durant les entrevistes, davant el micròfon, els formadors asseguren que l'estat mental de les noies millora amb aquest tractament més individualitzat, però quan no gravem admeten, amb to greu i resignat, que l'ajuda que poden donar és del tot insuficient i que les noies estan absolutament trencades. La Sonya Saaed és una d'aquestes professores. Deu tenir vint anys. Els imparteix dret de les dones, assignatura que sona a ciència-ficció per a moltes alumnes. Quan acaba la sessió parlem amb ella. Ens explica que una cinquantena de joves rescatades de la ciutat iraquiana de Mossul —algunes encara en tractament al centre— van amenaçar de suïcidar-se si no les acceptaven altre cop a la comunitat. Preferien matar-se que viure amb el terror de poder tornar a ser captades i violades pels gihadistes. Aquest va ser un dels punts d'inflexió que va empènyer les autoritats religioses yazidites a autoritzar el retorn d'aquestes noies. Si es mataven les perdrien, van pensar. En canvi, si tornaven, enfortirien el col·lectiu en la tasca titànica de refer-se després de tanta desgràcia.

Però no tota la societat vol reintegrar-les. Amb llàgrimes als ulls, la Hiyam es desfoga: «Ja no ens veuen com a éssers humans. Alguns veïns volen fer-nos sentir que haurem de viure oprimides, avergonyides i devaluades per sempre. És un dels motius pels quals tampoc no vull sortir de casa, no puc suportar veure com diuen coses dolentes de mi i em critiquen a l'esquena.» Algunes joves, per intentar revertir el rebuig, se sotmeten a intervencions per refer-se l'himen, com si així tornessin a ser verges i poguessin esborrar del seu cos el pas devastador dels extremistes. Una solució simple per a una problemàtica complexa.

Em queden tantes preguntes per fer a la Hiyam... Quina és la justícia que vol per als gihadistes que la van segrestar? Què sent ara per la seva comunitat? Com ens veu als qui —de prop o de lluny— hem estat mirant cap a una altra banda? Però ens és impossible continuar després de veure-la ensorrar-se. Se'ns barreja la sensació de culpabilitat per haver-li fet passar aquest mal moment amb la necessitat d'autoconvèncer-nos que testimonis com el seu poden ajudar a despertar-nos de la nostra indiferència col·lectiva.

Sortim trasbalsats de la tenda. En silenci. Cadascú intentant desfer el seu nus. Però ella ens acompanya i somriu mentre demana de fer-nos unes fotos amb el mòbil. Em pregunto si jo podria tractar amb tanta hospitalitat uns desconeguts, en aquesta situació. Crec que no. Perquè, com jo, ella també ho sap. I tant que ho sap. Sap —encara que no ens ho retreu— que mai no podrem dir que no ho sabíem. Ho hem vist, ho hem explicat. Hem retransmès pràcticament en directe que ella i el seu poble eren físicament i mentalment assassinats. I ara deixem que els seus testimonis es difuminin i alguns desapareguin entre piles de gent amuntegada i abandonada en quilòmetres de tendes, només identificades per lletres i números. Això, en el millor dels casos.

Si internacionalment continuem ignorant vivències com les de la Hiyam, aquests gihadistes hauran aconseguit fer realitat, en part, el seu genocidi planificat, el primer del segle XXI, com reconeix Nacions Unides. I, un cop més, el nostre silenci i la nostra passivitat ens faran còmplices. Perquè no n'hi ha prou de donar el necessari i merescut Premi Nobel de la Pau a la valenta Nadia Murad. En aquests cementiris de morts en vida que són aquests camps, sense cap horitzó de futur ni càmeres gravant, hi ha moltes Nadies que, sense fer soroll, continuen descendint perillosament per pous en què l'únic fons és la mort. Ho fan abandonades a una realitat que no poden denunciar al món. Elles no poden sortir sense permís del campament i tu no pots entrar-hi sense autorització. Preguntem quina és la raó d'aquest tipus de confinament que ensorra encara més les supervivents. Ens argumenten que són víctimes sensibles que han de protegir dels extremistes i també dels mitjans de comunicació. En part, s'entén. Qui concedeix les entrevistes és un jutge designat pel Govern kurd que vol conèixer en persona l'equip de periodistes i parlar sobre la naturalesa del reportatge que els porta a trepitjar el terreny. Però les autoritats locals i regionals estan desbordades i es produeixen situacions impossibles de comprendre. Per exemple, en un altre camp a pocs metres d'on visitem la Hiyam, hi ha detingudes dones d'Estat Islàmic. Al Kurdistan, després de la caiguda del pretès califat d'Estat Islàmic, s'han de fer càrrec no tan sols de les víctimes com els yazidites, sinó també de milers de combatents empresonats, centenars d'ells estrangers. I també de les esposes d'aquests gihadistes, els seus fills menors i centenars de nens soldats. Una bomba de rellotgeria emocional.

Algunes d'aquestes dones d'Estat Islàmic asseguren estar penedides d'haver-se sumat al projecte islamista. Dubtes de si ho diuen de veritat o perquè els pot servir d'atenuant quan s'enfrontin a la justícia. D'altres defensen que mai no van tenir-hi cap altre paper que no fos el de cuidar la família. Però la majoria conserven una actitud desafiant i admeten que han escapat de l'últim reducte on s'amagaven —la localitat siriana de Baghouz, tocant el Kurdistan iraquià— perquè no els quedava cap altre remei si no volien morir sota les bombes de la coalició internacional liderada pels Estats Units. També en aquesta situació, la desviació de gènere s'imposa. De les dones gihadistes es diu que són víctimes o pobres mestresses de casa a qui van manipular per la causa. Dels homes, en canvi, es parla de combatents radicals, plenament conscients del que fan. D'elles es tendeix a pensar que no tenien cap rol en l'organització, que eren pura comparsa, mentre que a ells se'ls pressuposa intel·ligència i dots de lideratge. I no és així. En molts casos, les dones gihadistes han tingut un paper actiu, decidit i preparat per formar part d'una organització i d'unes atrocitats que coneixien amb detall. És veritat que moltes es dedicaven a les tasques de la llar, però d'altres treballaven en sectors com la sanitat, l'educació i —en menor mesura, però existien— servien a primera línia de foc, fins i tot immolant-se davant l'enemic. De fet, noies extremistes havien fet crides als mitjans propagandístics i per les xarxes socials perquè altres dones del món se sumessin al gihad.

Shamima Begun, un dels casos més mediàtics, va seguir la crida. Aquesta estudiant londinenca, juntament amb tres amigues, va abandonar casa seva per marxar a Síria. El 2015 es va instal·lar a Raqqa, la capital *de facto* del pretès califat. Ara, amb dinou anys i casada amb un combatent només arribar, sobreviu dramàticament en un dels molts camps de refugiats al Kurdistan. Durant aquests quatre anys ha tingut dos fills, que han mort per manca d'assistència sota el règim islamista. I un tercer fill, acabat de néixer, també ha perdut la vida per una infecció mentre esperaven en els llimbs legals quin seria el seu destí final. La Shamima, com tantes altres dones vinculades a l'organització, defensava que s'havia limitat a fer d'esposa i mare i que això no suposa cap crim que li impedeixi ser retornada com a ciutadana del Regne Unit. Però algunes investigacions apunten que la noia hauria format part de la temuda policia moral, una força de vigilància femenina que els gihadistes van establir per controlar les dones amb qui convivien en aquest règim del terror. Una figura que actuava amb igual o més duresa que molts homes, com assegura la mateixa Hiyam, que va patir la brutalitat d'aquesta policia en primera persona. Per si no en tingués prou amb la seva càrrega física i emocional, ara sobreviu a només uns metres dels botxins que l'han mort en vida.

Però el testimoni d'aquesta yazidita és la millor arma contra Estat Islàmic, que, sens dubte, va subestimar-la. A ella i a milers de noies més. «Com has vist, estic trencada, però aquí em tens, forta i resistint. Vaig avançant i sé que podré superar-ho», m'assegura, esgotada però amb un somriure esperançat, just abans d'acomiadar-nos. Mesos més tard, m'alegra llegir que la seva comunitat fa també una passa endavant. El clergat yazidita ha fet una crida als seus per acollir els fills de les dones violades pels extremistes i a no rebutjar les criatures que abans havien repudiat. Per una banda, m'indigna que altre cop siguin homes —des de la seva enlairada i còmoda talaia— els que acabin decidint què ha d'acceptar la comunitat. Però, per l'altra, em consola pensar en la Hiyam. Potser ara podrà recuperar el seu fill, que, juntament amb la possibilitat de retrobar-se amb el seu marit, són els únics bàlsams per al seu cos i la seva ànima.

# Quan creixes combatent patriarcat i gihadisme

## Gulan i Lara: Rojava i Catalunya, lluites germanes

### Gulan: un dimoni per als gihadistes

«Semblava que haguessin vist el dimoni! Així reaccionaven els membres d'Estat Islàmic quan em veien. Us deveu preguntar com pot ser que una noia com jo, de divuit anys, menuda, nerviosa i tímida, pogués tenir aterrits —kalàixnikov en mà— desenes de gihadistes armats fins a les dents, entrenats per matar-me a mi, i a totes les companyes, de la manera més brutal, oi? Aquest cop, la interpretació maquiavèl·lica i interessada que l'organització ha fet sempre de l'islam els ha jugat una mala passada. Resulta que si un dels seus combatents mor fent el gihad es converteix en màrtir, però si el mata una dona com jo, en comptes d'anar al paradís, passarà l'eternitat a l'infern, en pecat i absolutament humiliat per haver estat vençut per una femella. Segons la seva ideologia, només som aptes per a finalitats molt limitades: violar-nos sistemàticament, sotmetre'ns a un esclavatge vital o destinar-nos a la reproducció fins que morim o fins que el marit es cansi de nosaltres i ens canviï per una altra. Així doncs, les dones —a qui Estat Islàmic ha provat de mutilar-nos en tots els sentits— tenim, almenys sobre el camp de batalla, el poder de decidir el destí final d'aquests animals. És per això que, durant aquests anys, les milicianes kurdes ens hem convertit en el seu pitjor malson. Les veus femenines que aquests monstres han gosat silenciar a casa i al carrer amb els mètodes més cruels i inimaginables els han fet fugir esperitats —ironies de la vida— quan érem nosaltres qui els perseguíem i els cridàvem per plantar-los cara.

»Soc la Gulan, la petita de vuit germans: cinc nens i tres nenes. Mai no hauria imaginat que viuria aquesta situació. El meu futur, si em fixava en l'entorn més pròxim —a casa i al poble—, havia de passar necessàriament per casar-me i ser mare. De petita, però, ja somiava a anar una mica més enllà i ser mestra. Aspirava a contribuir a l'educació dels nostres infants i a treballar per un futur Kurdistan independent. I, sobretot, estava encuriosida i impressionada per les dones uniformades que un dia, ja més gran, havia vist desfilar des de lluny. Eren unes milícies íntegrament femenines que llavors no sabia ni que existien i de les quals els pares van evitar sempre parlar-me'n. L'atracció que em van produir més endavant, no vaig arribar a compartir-la mai, perquè sospitava que no m'entendrien. Passats els anys, ja en plena adolescència, rumiava sovint: "Per què no hi ha dones que manin al Pròxim Orient? Han de poder governar igual que els homes, hi tenen els mateixos drets!".

»Però no va ser fins al 2016, amb el ràpid avanç d'Estat Islàmic al Kurdistan sirià, que vaig aparcar el meu projecte d'estudiar magisteri i vaig agafar les armes. No tenia alternativa. O potser sí, però, si hi era, jo no la sabia veure. Segrestaven, violaven i mataven les meves amigues. Havia de protegir-les, a elles i als de casa! Després de meditar-ho en silenci unes quantes setmanes, vaig decidir afiliar-me a les Unitats de Protecció Popular, concretament a la branca de dones, la YPJ. Em va costar dies atrevir-me a explicar-ho i, quan ho vaig fer, la meva decisió va prendre una dimensió tan real que retronava ben fort entre les parets de casa. Els que m'havien vist créixer van pair la notícia amb una barreja d'orgull i temença. Triava l'opció militar per protegir els qui estimo i per amor a la meva pàtria, és veritat, però no ho és menys que al davant tindria un enemic que, literalment, tallava caps de dones i nens, entre altres atrocitats. A casa, tot eren llàgrimes i cares tristes.

»Va arribar el dia. Era de matinada i encara podia no fer-ho. Però, després de rumiar-ho molt, vaig decidir acomiadar-me de la família. Altres companyes havien marxat cap al front sense ni tan sols dir adeu als seus, no perquè no en tinguessin ganes, sinó perquè totes sabíem que potser aquella seria la darrera abraçada que els podríem fer. Algunes noies ho esquivaven per protegir-se elles mateixes i no desmuntar-se ni penedir-se de l'opció que havien pres; i també per protegir els seus i evitar-los aquell mal moment. Quan revisc el meu comiat encara m'emociono. El pare, entre nerviós i espantat, es va dirigir a mi mentre em carregava la bossa a l'espatlla i una camioneta m'esperava a la porta de casa. Un grup de veïns m'abraçaven i aplaudien a contracor, fent un semicercle al voltant meu com si metafòricament no volguessin deixar-me marxar del portal on feia ben poc encara jugava amb nines i pilotes. Em feien sentir com una heroïna que se n'anava a la guerra. La primera part estava per demostrar, la segona era una evidència. En aquell moment gairebé podia tocar el cel; però el pare, com sempre, me'n va fer baixar amb una dosi de realitat molt necessària, que va provocar un silenci que es podia tallar: "No t'han d'atrapar, filla, em sents? I si t'acaben capturant, la darrera bala... la darrera bala ha de ser per a tu!" Els seus ulls, grossos i foscos, vermellosos d'haver plorat poc abans, no gosaven ni mirar-me. La seva nena, la més menuda, se li havia fet gran i havia decidit, sense ni tan sols consultar-li-ho, anar-se'n a combatre el patriarcat que inconscientment ell representava i a fer un pas endavant allà on tants homes havien fet una passa enrere: a plantar cara al gihadisme. Però no li ho retreia, només volia que per una vegada em deixessin fer el que creia que tocava, només volia poder triar per primer cop.

»La recomanació de treure'm la vida abans que deixar que em capturessin em va quedar clavada al cervell. Des d'aquell dia sempre m'acompanya una bala, ben amagada. Amb ella, sento com si tingués el pare al costat, ben a prop, vigilant-me; i m'ha consolat en moments en què he plorat per companyes que han hagut d'acabar disparant-se enmig d'emboscades d'on sabien que només podrien sortir-ne si es mataven. Les crueltats d'Estat Islàmic es feien virals a través de les xarxes socials. La meva família, com moltes d'altres, seguien gairebé en temps real el que aquests assassins feien amb les dones capturades a pocs quilòmetres de casa. Veien incrèduls a la pantalla del mòbil com les lligaven dels cabells al para-xocs d'un cotxe i les arrossegaven fins a la mort pels carrers de les poblacions ocupades. Les exhibien en senyal de triomf, com un botí de guerra. Algunes dones dels llocs que alliberàvem tenien mossegades d'una brutalitat inexplicable a la cara o als braços. En algun moment s'havien descuidat de tapar-se amb el nicab i la túnica negra, com les obligava Estat Islàmic, i la represàlia era castigar-les clavant-los una enorme dentadura mecànica d'alumini, diabòlicament dissenyada per maximitzar un patiment conscient: arrencava literalment aquells trossos de carn que la noia havia gosat mostrar en un acte clar i imperdonable de *haram* ('pecat' en àrab). A la vista i de per vida, deixaven persones foradades, incurables, plenes de dolor físic i emocional.

»Però, abans de trobar-me davant d'aquestes escenes dantesques, com a miliciana encara havia de recórrer un llarg entrenament vital, un camí que al principi vaig emprendre sola i un pèl espantada. Però això no va durar gaire. Al cap d'unes hores vaig arribar a un camp d'instrucció a prop de la ciutat de Serekaniye, de majoria kurda, però també amenaçada pels gihadistes. Tot i la timidesa que em caracteritza, vaig haver d'obrir-me a una vintena de companyes. Durant pràcticament un mes, que em va semblar tot un any de tan intens, es van convertir en la meva nova família. Amb elles vaig assimilar hores de classes teòriques i vaig suar durant una pila de sessions pràctiques; vaig agafar el meu primer fusell d'assalt, el vaig muntar, desmuntar i tornar a muntar moltes vegades, fins que vaig ser capaç de fer-ho a ulls clucs. A partir de llavors, vaig viure en cases i locals abandonats per famílies que fugien en direcció contrària a la que nosaltres avançàvem. No tenim cap sou, però mai no ens ha faltat l'assistència bàsica que sempre ens ha proporcionat la nostra comunitat allà on anàvem.

»Aviat em vaig fer amiga de la Chichek, de setze anys, que també es va allistar en contra de la voluntat dels de casa. El seu cas era pitjor: volien casar-la i ella es negava a viure en el que entenia com un esclavatge. Ni tan sols es va acomiadar, quan va marxar. I no volia tornar a casa. Jo, sí. No hi havia dia que no somiés que el pare em rebia amb aquella abraçada que no vam saber fer-nos quan vaig marxar. La Chichek va acabar sent la meva millor amiga. A casa, totes dues, per motius diferents, ens sentíem tancades, empresonades, de manera que ara obríem la porta a fer un tast de llibertat i començàvem a lluitar en dos fronts: contra el gihadisme que ens volia exterminar, però també contra un patriarcat que, de manera lenta i silenciosa, ens matava.

»Passades unes setmanes érem més a prop d'aquest somni. *Jin, jiyan, azadi!* ('Dones, vida, llibertat!'), cridàvem per celebrar el nostre jurament com a noves milicianes. Vestida d'uniforme, ja semblava una d'aquelles heroïnes que tant admirava de petita. El meu somni s'havia fet realitat! Malgrat el disgust inicial, el pare estaria orgullós d'aquesta Gulan, em deia per consolar-me quan els enyorava. De cop, em veia prometent fidelitat a conceptes que fins fa uns mesos m'hauria costat definir, però que ja sentia com a principis bàsics: la defensa de la col·lectivitat davant el capitalisme desbocat; de la societat feminista davant el masclisme recalcitrant; de l'ecologisme i el confederalisme democràtic envers la repressió que ens envoltava. Finalment formava part de les Unitats de Protecció Popular, que des del 2012 havien començat a incorporar dones a les seves files. Una presència que va anar creixent sobretot els dos anys posteriors, coincidint amb l'expansió gihadista per construir el seu pretès califat a Síria i l'Iraq. Jo vaig ser una de les darreres incorporacions a un grup que formem gairebé 35.000 companyes.

»Matàvem extremistes, però també ens tocava matar les hores, moltíssimes... sobretot fent guàrdies. I, tot compartint confidències amb altres milicianes, ara veig que el seu reclutament va ser més planer que el meu. Les filles de dones soldat, per exemple, escollien aquest camí sense patir tanta desesperació i incomprensió al seu voltant. A diferència de mi, a casa tenien referents d'una lluita iniciada fa dècades. Moltes, per exemple, van créixer escoltant la història de la Besé. Jo no sabia qui era, com tampoc no coneixia les històries de tantes altres dones valentes que han inspirat el moviment que ara em guia. La Besé va ser de les primeres kurdes armades que va optar per la revolta i que va morir a mans de les forces turques. Es diu que no va poder estar-se quieta i es va rebel·lar després de veure com les dones del seu poble es llançaven al riu Munzur des de les roques per suïcidar-se abans que les violessin els soldats durant la massacre de Dersim, el 1938. Dues dècades després, aquestes mateixes terres del Kurdistan veien néixer una altra digna hereva de la causa: Sakîne Cansiz. De jove va fer pinya amb un grup de joves universitaris. Entre ells hi havia el llavors anònim, però ja brillant, Abdullah Öcalan, que acabaria fundant el PKK (el Partit dels Treballadors del Kurdistan). Ja en el càrrec i envoltat d'un món eminentment masculí, no va tenir cap problema a dir que tots havíem de matar l'home que portem dins. De fet, es va convertir en un dels líders intel·lectuals del partit fent-se seu el discurs feminista. I sempre va donar un suport incondicional a la Sakîne, que anys més tard —i sent ja un referent— seria detinguda i tancada a la presó de Diyarbakir, la capital no oficial de la regió kurda a Turquia. Öcalan està empresonat a cadena perpètua des del 1999. Sakîne va morir assassinada d'un tret al cap a París, l'any 2013.

»Els qui van compartir cel·la amb ella expliquen que la seva figura va suposar una evolució clau del moviment: aquelles dones kurdes que se suïcidaven tirant-se al riu per no ser assetjades pels turcs ara teixeixen xarxes de resistència, també dins dels mateixos centres penitenciaris on són torturades. Passats uns anys, la Sakîne va sortir de la presó amb una obsessió clara: crear un exèrcit íntegrament femení. I és així com el 1995 es va formar l'embrió de la facció femenina de les YPG, a què jo he promès entregar la vida. Aquesta no és pas la primera vegada que la dona s'integra en guerrilles, però sí que el projecte de Rojava ha suposat una revolució en què les dones han ocupat espais polítics, judicials o socials que fins llavors només havien estat oberts als homes. L'alliberament de Kobane després de tres mesos de combats aferrissats contra Estat Islàmic va ser el nostre triomf col·lectiu més emblemàtic i el que em va empènyer a sumar-me definitivament a la causa. Les dones com nosaltres, preparades per a tots els fronts de guerra i totes les trinxeres vitals, busquem alliberar un poble mitjançant l'alliberament de gènere.»

La sala es queda en un silenci reflexiu... que de seguida trencaran forts aplaudiments.

Menuda físicament, la Gulan creix quan parla en públic. El seu discurs atrapa l'audiència, sobretot, quan se la sent parlar en persona. Com diu ella mateixa, el seu relat podria semblar una pel·lícula, però malauradament no ho és. Abans de viatjar al Kurdistan, Beirut em va posar en safata la seva història. Atreta pel títol d'un documental que estava llavors en cartellera —*Her War. Women vs. ISIS* ('La seva guerra. Dones contra Estat Islàmic')—, vaig entrar en un petit cinema de la ciutat fora del circuit comercial. La projecció tractava sobre la vivència d'un grup de joves guerrilleres kurdes en guerra contra l'organització extremista. I, per a sorpresa de molts —també meva—, al final de la cinta i després dels crèdits, van aparèixer en aquella sala algunes de les protagonistes, entre elles la petita Gulan, que ens va donar l'oportunitat de conèixer aquesta altra cara del reportatge: menys heroica i col·lectiva, més intimista i humana.

Després de la intervenció oberta davant del pati de butaques, les guerrilleres van conversar en cercles més reduïts amb aquells que ens acostàvem a felicitar-les. Una de les seves obsessions era deixar clar que el documental pretenia, també, trencar els estereotips creats al voltant de les milicianes kurdes, sobretot a partir de la popularitat adquirida arran de la lluita contra Estat Islàmic. Es van esforçar a subratllar que la seva tasca, com a forces militars femenines, no va començar ni acabarà amb l'aparició i posterior derrota dels gihadistes i que aquest no és tampoc el seu únic enemic. Ho són també, insisteixen, el patriarcat que ho impregna tot i el Govern de Turquia, obsessionat a atacar i fer desaparèixer aquesta regió autònoma del nord-est de Síria.

A més, busquen desmuntar un clixé estètic estès sobretot pels mitjans de comunicació occidentals i que les ofèn profundament: el de la guerrillera somrient que, en una posició més o menys sexi, carrega a l'espatlla el seu fusell AK-47. Apareixen sovint a les portades de revistes femenines i pretesament feministes, en què es mostra una dona soldat en posició insinuant i un peu de foto que les cosifica. És només un exemple de com alguns s'han volgut apropiar, denuncia la Gulan, d'una lluita construint-se una narrativa a mida i de tirada comercial, encara que això signifiqui manipular la realitat o construir directament una mentida.

Sense pretendre-ho, la seva força i la seva determinació han tornat a captar l'atenció de bona part de la sala. Gairebé només l'escolten a ella: «Aquesta emancipació femenina radical que exemplifiquem les meves companyes i jo, però també totes les que hi han deixat la vida, ja no té marxa enrere».

Ha arribat l'hora de marxar del cinema. Ulls vidriosos, mirades còmplices, senyals de victòria... Me li acosto per última vegada i li pregunto si ha pogut tornar a casa i abraçar el pare. Li ho tradueixen. Em mira emocionada i fa que sí amb el cap.

## Lara: d'activista catalana a combatent de Rojava

Són moltes les dones que han deixat la seva terra per unir-se a la revolució del Kurdistan. Però el fet que la jove amb qui ens hem de trobar hi hagi viatjat des de Catalunya em desperta un interès afegit, m'hi aproxima mentalment. Ella és la Lara, o així decideix batejar-se. Abans, ha descartat que utilitzem el sobrenom amb què se la coneix a Rojava. Li feia il·lusió perquè d'alguna manera era retre homenatge a una miliciana que va morir combatent els gihadistes i de qui n'ha heretat el *nom de guerra*. M'explica orgullosa i un punt emocionada, que, quan va arribar, les companyes van posar-li perquè deien que s'hi assemblava. Ella no la va arribar a conèixer, però la idea li agrada i ho veu com un regal de la comunitat que l'acull. Finalment, per motius de seguretat i davant el temor que la puguin localitzar, s'acaba decidint per un nom fictici.

La relació amb aquesta jove catalana comença en un context de discreció absoluta, que acabo entenent que és del tot necessària. Abans de trobar-nos per enregistrar l'entrevista, ens visita, acompanyada de dues noies i un noi que fa d'enllaç, a l'hotel on ens allotgem a Rojava. Volen fer un te amb nosaltres per saber quin tipus de reportatge tenim pensat i veure si s'adequa al missatge que busquen transmetre. Busquen evitar ser víctimes d'estereotips i d'enfocaments amb què no acabin d'identificar-se. Els clixés i les manipulacions que mesos abans denunciava la Gulan.

La Lara, que no arriba a la trentena, no s'ha exposat mai abans als mitjans de comunicació i noto que, tot i ser-hi receptiva, la nostra proposta li genera un punt d'incomoditat. De primer no sé dir si és cosa de nervis o de desconfiança. A poc a poc, m'adono que és una barreja de tot plegat. La situació és delicada. Per una banda, perquè altres joves com ella, quan han tornat a Espanya, han estat detinguts i jutjats a l'Audiència Nacional. Se'ls han imputat càrrecs d'enaltiment del terrorisme, pertinença a grup criminal, associació il·lícita o tinença d'armes, i se'l ha castigat amb anys de presó. Però la càmera també impressiona, sobretot perquè a casa seva encara no saben tota la veritat del que fa al Kurdistan. Primer els va dir que era a Europa treballant en la crisi de refugiats; després va admetre que era al Pròxim Orient, però sense entrar en massa detalls. Intueix que potser no ho entendran i que la decisió presa els faria patir massa. Davant d'aquests elements és fàcil pensar que, en un primer moment, s'acosti a nosaltres amb una certa cautela.

En aquesta primera trobada, a la sala de reunions de l'hotel, ens explica el que d'entrada més m'encuriosia: què l'ha portada fins aquí. Com molts altres voluntaris internacionalistes, ha recorregut tres mil quilòmetres, ha travessat el riu Tigris des del

Kurdistan iraquià i ha arribat finalment a Rojava en la més absoluta clandestinitat. Un territori al nord de Síria autogovernat pels kurds, al marge del règim d'Al-Assad, de l'oposició i dels islamistes. Descartat un Kurdistan independent, aposten per la fórmula federal no tan sols per a ells, sinó per a tota la regió.

Ella reconeix que hi ha vingut empesa per la situació política que viu a Catalunya i els paral·lelismes que entén que s'hi poden establir, però sobretot atreta per un projecte que volia viure en persona: el confederalisme democràtic, basat en la descentralització del poder a favor d'una organització per mitjà de les municipalitats. Una regió que es construeixi des de baix. Una Rojava on es feminitza la política imposant bicefàlies en càrrecs que compartiran l'home i la dona. On la figura femenina entra en l'àmbit judicial, amb la creació de comitès per a temes tan sensibles com el matrimoni forçat, la violència domèstica o els assassinats per honor. Delictes que, per llei, passen a criminalitzar-se.

Quan hi parlem, encara no fa un any que ha marxat de casa. Primer tenia molt clar que seria per un temps molt limitat, però ara admet que ja no sap quan tornarà ni si vol fer-ho. El mateix els ha passat a les companyes que han vingut amb ella. Veient aquests precedents en un entorn reduït, però d'inquietuds similars, la Lara és conscient que potser el més difícil serà tornar i, encara més, adaptar-se a la vida d'abans.

Un cop escoltada la teoria, però, m'interessa saber com es tradueix el que m'explica en la rutina de la seva vida quotidiana. Ella forma part de les Joventuts del Moviment, sota el paraigua de les milícies kurdes (les YPG). Del seu dia a dia només revela que treballa proporcionant formació ideològica i entrenament militar a joves de diversos barris. Autodefensa —s'afanya a precisar— en una regió que, subratlla, està en situació de guerra. Durant els darrers set anys, l'autogovern kurd ha hagut de protegir-se dels atacs de grups radicals com Estat Islàmic, però també de Turquia, que acusa l'executiu regional de ser la branca del PKK, considerat terrorista pel president Erdogan, la Unió Europea i els Estats Units. Una qualificació que, hipòcritament, no ha impedit que sobretot Washington se n'hagi servit. Primer, utilitzant les milícies kurdes per fer la feina bruta —del cos a cos— contra l'amenaça extremista i després abandonant-les a la seva sort davant la maquinària militar turca. Les traïcions que històricament ha patit el poble kurd, l'última i més sonada de les quals és la del president Trump, també ajuden a entendre un punt de desconfiança en una societat immensament hospitalària.

Li demano com l'han acollida i només té paraules d'agraïment. Altres estrangeres admeten, però, que han hagut de guanyar-se el respecte de les seves companyes de files i comandaments locals, inicialment escèptiques, sobretot, pel fet que moltes nouvingudes fossin dones occidentals. I és que malgrat que Rojava representa com pocs llocs la revolució feminista, no està del tot lliure de prejudicis, idees preconcebudes que de vegades s'han reforçat amb situacions inapropiades. Una d'elles que, malauradament, algun cop s'havia donat: veure una noia estrangera arribar posturejant amb un fusell a les mans i haver d'evacuar-la pocs dies després, greument ferida, per culpa d'una imprudència que s'hauria pogut evitar.

Poca gent fora del nucli més íntim de la Lara sap els seus moviments diaris exactes. Tampoc no saben que està preparada per lluitar en qualsevol moment i disposada a arribar fins al final. M'ho diu mentre porta una pistola amagada discretament sota la seva jaqueta militar. Vol deixar clara la idea que, en aquest context de repressió contra el poble kurd, l'ús de les armes s'ha d'entendre com una mera opció de supervivència. Té assumit que en algun moment les farà servir contra l'exèrcit turc, donant per fet que acabaran atacant el Kurdistan sirià, cosa que lamentablement no trigarem gaire a veure. Assegura que no té por i que hi ha objectius col·lectius que passen per davant de tota individualitat, deixant-s'hi la vida si cal. Conscient de l'impacte de les paraules que ha pronunciat, la nostra conversa s'atura uns instants.

El moment em fa tornar tres anys enrere, abans de desplaçar-me a Beirut. Encara a Barcelona, entrevistava un jove català dies abans que viatgés a Rojava, en el seu cas per combatre directament Estat Islàmic. Atret, com la Lara, per un component ideològic, volia participar en una democràcia autoorganitzada al marge de l'estat nació. Amb poc més de vint anys, l'activisme que duia a terme a Catalunya ja no el satisfeia i, cansat de sentir-se inútil i de tant de capitalisme, decidia fer un pas més i implicar-se personalment en la lluita. «No m'ho puc mirar des de lluny, no puc quedar-me de braços plegats mentre aniquilen tota una regió.» Posava l'exemple de la solidaritat dels milers de brigadistes que van arribar a Catalunya el 1936, amb la Guerra Civil.

Vam enregistrar l'entrevista a la Catalunya central, en un parc tranquil i poc transitat. Tampoc ell, pels mateixos motius que la Lara, no volia donar el seu nom ni mostrar el rostre a la càmera. M'explicava il·lusionat que la seva idea inicial, quan arribés al Kurdistan, era formar part d'una comuna internacionalista en què els estrangers rebien formació en diferents àmbits, potser semblant a la que imparteix la Lara ara mateix. Me'n vaig acomiadar amb el cor encongit i ens vam intercanviar els mòbils amb l'esperança de poder retrobar-nos al cap d'uns mesos a Rojava, però no va poder ser: poques setmanes després, quan ja preparava el reportatge, em van demanar que l'aturés i n'esborrés el material perquè el jove havia tornat a casa. La situació sobre el terreny l'havia superat.

Però tornem amb la Lara. L'endemà de la primera conversa visitem juntes un projecte pioner que naixia al Kurdistan, just quan ella hi va arribar. Ens acompanya al primer poble només per a dones del Pròxim Orient. Arribem a Jinwar. En kurd, *jin* significa 'dona, vida'; *war*, 'terra, espai'. Un emplaçament comunal que no discrimina entre ètnies, religions, ni nacionalitats, però que sí que en limita l'admissió en funció del sexe. Ella no hi viu, però en segueix de prop l'evolució. Es tracta d'un refugi que s'ha convertit en l'alternativa per a totes les noies que rebutgen l'opció de casar-se per poder marxar de casa dels pares, per a aquelles dones que s'han quedat vídues de combatents i per a mares que han fugit de l'infern d'una violència domèstica acceptada socialment.

És el cas de la Zeinab, que ens convida a la vivenda que ha estrenat fa poques setmanes. L'hem coneguda al forn del poblat. Ella n'és l'encarregada aquesta setmana, en uns torns rotatius entre les dones de la comunitat. Quan plega de treballar, amb una pila de pans que mantenen un sorprenent equilibri, comença a fer-ne el repartiment casa per casa. Després l'acompanyem a la seva. Assegudes a terra i mentre ens prepara un cafè, ens explica, nerviosa, que la van casar amb només quinze anys. El seu marit en tenia vint més. Violada i embarassada de mesos, va fugir. Ara, amb vint-i-vuit i el nen ja criat, ens explica que en aquest lloc ha trobat l'oportunitat d'emancipar-se de debò. Una mica tard, ironitza, però té la certesa que aquí podrà créixer sense obeir ningú ni convertir-se mai més en una esclava. «Finalment, soc independent», resumeix amb un somriure.

A Jinwar no està permès que els homes s'hi quedin a passar la nit, i si alguna de les veïnes decideix casar-se ha de marxarne. Són algunes de les clàusules d'un contracte social que han signat abans d'establir-se en aquest poble, format per una trentena de senzills habitatges. Les cases estan disposades en cercle, de manera que actuen com un mur de defensa que protegeix un gran pati interior per gaudir en comunitat. En una regió massa acostumada a les zones de seguretat, aquesta s'ha convertit en la primera àrea segura només per a dones i infants.

Algunes veus crítiques denuncien que es tracta d'un model de convivència retrògrad que, lluny d'alliberar les dones, les aïlla. Però quan hi poses els peus i escoltes les històries que arrosseguen les companyes que hi viuen, és fàcil entendre aquesta opció de vida. «Allunyar-nos dels homes és una qüestió de supervivència», defensen moltes d'elles. I als qui ho titllen d'involució els posen com a exemple les massacres que han patit fins ara en una societat «suposadament evolucionada». Fins i tot, mentre som allà, alguns homes dels voltants, de primer reticents davant la creació de Jinwar, s'hi acosten per ajudar les veïnes.

Revolució dins de la revolució, en un procés que posa la dona al centre i li retorna el dret d'escollir també a través de quin camí vol reivindicar-se. Una revolució que té els noms de la Gulan, la Zeinab o la Lara. Justament amb ella, amb la noia catalana, intento contactar-hi pocs dies després de la invasió turca de Rojava. Ella ja ho intuïa. Em diuen que no poden localitzar-la.

# Quan el teu millor amic es radicalitza

## Maya i Nancy: les Germanes Kamikaze

«No tenia motius per fer-ho, no en tenia. Cap ni un!», es repeteix una vegada i una altra la Maya. Ho diu amb un gest entre trist i enfadat quan recorda un capítol que li va marcar la vida fa més de deu anys, en ple moment universitari. Se sent culpable d'un fet de què ningú no la responsabilitza. Però ella no pot acabar de perdonar-se. I per alleugerir aquest dolor tan íntim no ha escollit allunyar-se'n. Ben al contrari. Ha triat una opció vital que la confronta cada dia amb una realitat que li continua fent mal. Vol entendre per què el seu millor amic de classe, la persona amb qui compartia hores, estudis, cafès i confidències, va desaparèixer. D'un dia per l'altre. Sense avisar, donar senyals de vida ni proporcionar pistes que l'ajudin a explicar-se aquest buit sobtat. «Passats més de deu anys, encara no puc mirar als ulls la seva mare sense posar-me a plorar», admet aquesta jove libanesa amb els ulls ben negats. Es retreu no haver estat capaç de veure-ho venir, no haver pogut alertar aquella dona que estava a punt de perdre un fill. No haver-se adonat que perdria el seu gran company de classe. Durant mesos, amb una discreció absoluta, aquell noi va caure en un procés de radicalització. L'extremisme el va reclutar i, obeint les seves instruccions, va marxar del seu Líban natal per anar-se'n a la veïna Síria. Allà es va sumar a les files del grup extremista Al-Qaida i va morir en combat el 2013. La de la seva mort va ser l'única —i la darrera— notícia que van rebre del jove *màrtir*.

Sacsejada per una realitat que sempre havia cregut llunyana, la Maya va transformar aquest sentiment de desconcert, remordiment i impotència en tot un repte. Sense gairebé ni adonar-se'n, l'obsessió del seu amic n'havia generat una altra de molt forta en ella. Volia fer una immersió a fons en el fenomen que en els darrers anys havia seduït desenes de milers de joves de tot el món. I, des d'aleshores, ha dedicat a això tots els seus esforços acadèmics, laborals i vitals. El seu entorn l'ha acompanyada en aquesta necessitat de provar d'entendre com funciona la ment d'un extremista. Fins i tot la Nancy, la germana petita de la Maya, s'ha fet seva la causa. Totes dues van optar, d'entrada, per canviar d'estudis i especialitzar-se en gihadisme i rehabilitació. De primer amb un màster teòric en una prestigiosa universitat del país, on totes dues cursaven la carrera de treball social, i després amb un programa que volien aplicar a Roumieh, una gran presó que molts anomenen l'Abu Ghraib libanesa, per la seva duresa i perillositat. El Líban és més sensible pel que fa a l'extremisme. La delicada composició sectària —amb divuit confessions religioses oficials— que divideix el país, el veïnatge amb una Síria en guerra i l'arribada d'un milió i mig de refugiats per unes fronteres temptadorament poroses expliquen bona part de la seva pobresa i inestabilitat.

Aconseguir introduir-se al centre penitenciari de Roumieh no els va ser fàcil. Aquí és poc habitual la presència de civils, encara menys la d'estudiants i impensable la de dones. Però, amb arguments tan bàsics i inqüestionables com que «tots aquests reclusos sortiran i llavors serà massa tard», les germanes van convèncer tothom de la necessitat d'implantar un projecte per analitzar el perfil psicosocial dels presos que permeti tractar-los. Van arrencar el permís del director de la universitat, del responsable de la presó i fins i tot del comandant en cap de l'exèrcit libanès. «Quan vaig entrar a la presó per primera vegada, no m'ho creia. Tampoc els membres de seguretat, que em miraven amb una mitja rialla burleta. Em van dir que aguantaria ben poc, allà dins. Jo els vaig etzibar que em miressin bé la cara, perquè la veurien durant una llarga temporada. I segueixen veient-me-la després de vuit anys», presumeix la Maya amb una actitud que és alhora desafiant i divertida.

Però el consentiment de l'anomenat emir, erigit com a representant dels presos, era clau per poder posar en pràctica el programa. Per això, aquell primer dia es va reunir al pati, cara a cara, amb un dels líders més veterans d'Al-Qaida. Davant seu tenia un sirià de quaranta anys ple de cicatrius d'uns combats que havia lliurat anys enrere a l'Afganistan. La Maya li va deixar clar que en aquestes sessions no volien abordar temes sensibles de seguretat, sinó tractar la vida dels reclusos i el seu passat, que amb una hora d'entrevista amb cada pres n'hi hauria prou. Però només aquell matí ja van estar-s'hi quatre hores, i aquella va ser la primera de moltes converses amb qui era l'autoritat a l'altra banda dels barrots. El van seguir una vintena més de presos oberts a provar-ho. «La ideologia que fonamenta l'extremisme és impossible de derrotar només amb les armes», sostenen convençudes. I en un camp de batalla més psicològic, des d'una primeríssima línia de front tan important o més que la de combat, les germanes Yamout es van convertir en les Germanes Kamikaze.

«Se'ns coneix així perquè quan vam començar érem molt joves, érem dones i teníem accés a les persones més perilloses del món. Però ells no deixen de ser éssers humans. La societat ens diu que els vol tots morts, però cal treballar per donar-los una segona oportunitat.» La Maya es refereix al prop d'un miler de gihadistes reclosos al temut bloc B d'aquesta presó als afores de Beirut. La majoria dels interns són sirians, iraquians, libanesos, però també n'hi ha alguns d'europeus, gairebé tots exmembres d'Al-Qaida i Estat Islàmic. Sobretot els de la tercera planta, on treballen. De lluny, només es distingeixen petites siluetes a les finestres d'un gran nínxol de ciment. De prop, només pot acostar-se a aquesta instal·lació de màxima seguretat el personal del centre penitenciari. Com la Maya o la Nancy, ara convertides ja en psicòlogues forenses especialitzades que visiten les instal·lacions tres cops per setmana.

Abans d'entrar-hi, dediquen uns minuts a un ritual obligat i metòdic que modifica del tot la seva estètica quotidiana. Es recullen les llargues cabelleres tirant a pèl-roges i les oculten meticulosament sota un hijab negre; només els queda descoberta la cara, que es netegen de maquillatge, sobretot els ulls castanys emmarcats d'un negre que els endureix la mirada; es despinten les ungles vermelles fins a fer-les mats, eviten perfumar-se i vestir de manera cridanera o deixar cap zona destapada; es raspallen a fons les dents i la llengua per fer indetectable l'alè del tabac que els ajuda a mantenir els nervis i la tensió dels interrogatoris... «No volem interferir en el procés d'aproximació a unes persones amb què hem d'establir una relació de confiança.» I és que la primera barrera amb què es troben a l'hora de fer teràpia amb els reclusos és el simple fet de ser dones. En alguns casos no arriben a superar aquest obstacle perquè el gihadista no les considera interlocutores vàlides, i ni molt menys capaces. Alguns presos que s'acullen al seu programa de rehabilitació són represaliats de manera salvatge pels companys de cel·la o mòdul. «Molts veuen com una autèntica humiliació que un home busqui assistència en nosaltres.» Les Kamikaze són odiades per molts interns amb contactes dins i fora de la presó. Alguns creuen i fan córrer que són espies, funcionàries relacionades amb la seguretat de l'Estat. És veritat que hi estan en contacte permanent, però els empara el secret professional i hi ha detalls que no poden revelar. En tot cas, entre els qui les amenacen de venjar-se si parlen massa i els qui volen fer-les fora perquè les consideren infiltrades, el seu dia a dia no és fàcil.

En alguns casos, aquest primer mur —el de la misogínia— cau i poden aproximar-se als seus pacients. Llavors comença un altre procés molt laboriós: investigar què els va radicalitzar. La Maya i la Nancy passen centenars d'hores assegudes davant d'ells fent-los entrevistes que després transcriuen i analitzen per dissenyar, a partir del seu diagnòstic, la teràpia cognitiva més oportuna. La biblioteca de la presó és l'escenari del vis-a-vis, una mena de consulta de psicòleg. Sense manilles a les mans i els peus ni guàrdies de seguretat al voltant, els gihadistes s'asseuen davant les germanes. Alguns se'n riuen a la cara; d'altres intenten agredir-les. Sovint les reben amb banderes negres, d'Estat Islàmic, per intimidar-les. Infravaloren la capacitat d'aquestes dues joves de poc més de trenta anys i una falsa aparença de docilitat.

Però, passats dies, setmanes, mesos i anys picant pedra, el mur de molts reclusos comença a esquerdar-se. I, a poc a poc, intenten reconstruir la vida que els va portar a radicalitzar-se. «L'absència de la figura paterna, la humiliació i la sensació d'injustícia formen part del còctel explosiu que acostuma a haver-hi al darrere», resumeix la Maya. Un dels extremistes implicats en el control i la matança en un camp de refugiats palestins al Líban va assassinar un home quan només tenia set anys. Ja convertit en adult, el jove confessava a la Nancy que ho va fer en defensa pròpia, quan l'intentaven violar. Un dels responsables de l'atemptat contra un autocar ple de militars de la UNIFIL —força provisional de les Nacions Unides al sud del Líban— parla d'un pare maltractador que el feia servir de cendrer. Apagava totes les cigarretes que fumava en el seu cos, ple de marques que avui encara li recorden aquell dolor. Un noi acusat de vendre un dels cotxes bomba amb què es va atacar l'ambaixada de l'Iran a Beirut es va entrenar com a nen soldat amb només catorze anys i durant la guerra civil libanesa el van convertir en tot un expert fabricant de bombes casolanes. «Ells no sempre són conscients que han fet coses tan terribles i injustificables. Són víctimes d'altres persones que segurament també van ser víctimes. Això no els exonera de res, però formen part d'un cicle de violència que només es pot trencar fent-los conscients d'aquesta realitat», argumenten. I, en comptes d'apropar-se a ells amb una actitud de condemna, ho fan des d'un model humanístic que desquadra els pacients, acostumats a interrogatoris en forma d'amenaces i tortures.

Esgotats mentalment i cada cop més confiats, el seu cervell s'obre i comença a sortir-ne un altre tipus d'informació, també rellevant. Un dels presos va confessar-los que havia estat alumne del líder d'Al-Qaida, Ossama bin Laden, i els va revelar sofisticades tècniques de reclutament de la banda i de fer el gihad que s'han confirmat verídiques. Un conegut gihadista que es declarava innocent, enmig de la conversa amb una de les Kamikaze, va confessar entre plors: «Per què em vaig arribar a involucrar en aquell atac, per què!?» D'altres admetien sense dissimular que tornarien a atemptar quan sortissin de la presó de Roumieh.

I és que la rehabilitació no és possible en la majoria dels casos, però val la pena provar-ho —subratllen— encara que serveixi només per recuperar una sola vida. No hi ha estadístiques d'èxit, però al Líban —asseguren— alguns gihadistes tractats ja han tornat al carrer, reintegrats a la societat, enmig d'una gran discreció i monitoritzats. La majoria responen a una catalogació establerta després d'anys de feina: extremistes que ho són per motius religiosos, polítics o de venjança. En aquests hi ha més possibilitats d'aconseguir millores. És molt més complicat, en canvi, obtenir bons resultats amb pacients encasellats en un darrer àmbit: el dels psicòpates.

«La presó no ajuda. L'anar i venir de presos a determinades cel·les, l'ús i el tràfic de mòbils, l'accés a les xarxes socials o a blocs que ells mateixos escriuen des del centre ens parlen de processos de radicalització interns. Però almenys obtenim informació de com es mouen localment i internacionalment, de quin és el seu pensament polític i religiós.» Se centren en l'anàlisi del comportament, una ciència que miren de complementar amb l'abundant bibliografia sobre psicologia forense. Ho fan encarregant a l'estranger llibres d'experts en aquesta matèria, perquè al Líban no estan disponibles. Tampoc no tenen prou diners per finançar el seu programa al país: van rebre unes primeres ajudes dels Estats Units, fins i tot col·laboraven amb la Interpol, però les partides s'han acabat i ara una de les dificultats més importants del projecte és mantenir-lo viu econòmicament. «Aquí alguns organismes ens acusen de donar suport al terrorisme pel simple fet que ens hi acostem per erradicar-lo.»

Però les Kamikaze no en tenien prou d'actuar *a posteriori*, necessitaven fer una tasca preventiva. No en tenien prou de dedicar-hi estudis i feina; necessitaven destinar-hi més hores de vida. I així va néixer l'ONG Rescue Me. El centre de treball és una casa vella restaurada en una de les barriades més pobres i perilloses de Beirut. A l'entrada: una pista de ciment plena de pneumàtics gastats o cremats amb adolescents marginats que hi maten el temps i l'avorriment. Assassinats, segrestos, tràfic de drogues... són habituals en aquests carrerons on tothom mira amb desconfiança qualsevol desconegut que gosi entrar-hi. Però, sobre tots ells, sobrevola el crit inconscient que dona nom al programa: «Rescata'm!».

Aquests suburbis de la capital libanesa són un dels escenaris del país on els extremistes intenten reclutar els més vulnerables. Són diana prioritària d'aquesta cacera: gent malalta, a l'atur, sense els papers en regla... Sobretot joves d'entre 15 i 30 anys. I, en aquest brou de cultiu, és on elles treballen per desactivar processos que acaben com el del seu amic de la universitat. «Als més petits, les màfies gihadistes els compren oferint-los tot tipus de regals i aconseguint que aquesta canalla en presumeixi i arrossegui més infants. I si són molt petits, els reclutadors —que en el seu argot anomenen *pescadors*— van directament a casa dels pares i els ofereixen diners perquè aquests fills assisteixin a entrenaments teòrics i pràctics.» Diners que falten en moltes llars i que costa rebutjar, relata la Nancy. És la primera fase d'un procés que vol posar fi a una radicalització completa. Per això, les Germanes Kamikaze també visiten les cases d'aquestes víctimes potencials. S'hi aproximen utilitzant l'eufemisme que treballen per al Centre de Prevenció del Crim. «Si ens presentem explicant que en realitat volem combatre els tentacles del gihadisme, les famílies s'espanten i es tanquen en banda.» Un cop s'obren, la seva prioritat és detectar i abordar els problemes més bàsics i domèstics que afronta aquella casa, perquè són els que sovint desencadenen noves afiliacions.

La Maya i la Nancy passen els matins amb gihadistes a la presó i les tardes fent tallers amb infants. En una de les sales d'aquesta caseta reconvertida en centre de treball, una desena de nens fan un taller de manualitats. A les parets hi ha enganxades flors i papallones de mil formes i colors. Són treballs alegres i optimistes que els nens han fet guiats pels tutors voluntaris. «Els gihadistes els donen una única oportunitat: una pistola. Nosaltres els donem més opcions: expressar la seva ràbia d'altres maneres», justifica la Nancy. I la ràbia surt a raig en cada traç sobre el paper quan se'ls deixa treballar al seu aire.

Quan la temàtica és lliure, els dibuixos dels petits s'enfosqueixen. Els colors vermell i negre ho acaben tenyint tot. I les figures es repeteixen: persones tirotejades que ploren entre tolls de sang, tancs que esclafen famílies i cases, pistoles i fusells amb tota mena de munició i detall.

La vida laboral i la vida personal de les Germanes Kamikaze es dilueixen. Casa seva, on viuen amb els seus pares, s'ha convertit en el seu refugi, però també en un segon despatx. A la taula hi conviuen objectes personals amb piles de carpetes i llibres acadèmics. En un suro hi ha penjats diversos mapes, alguns amb cercles vermells, ubicacions rellevants a partir de la informació obtinguda d'alguns reclusos. I, al costat, un dibuix que emociona les hermètiques Kamikaze i les esperona quan noten que estan a punt de rendir-se. L'ha fet un d'aquests infants. En un primer pla, els barrots d'una presó; darrere, el petit —d'encara no deu anys— i la seva família que ploren, com una premonició del que pot acabar passant. No volen que es repeteixi el final del seu amic universitari, mort en combat. Ni el dels seus reclusos, morts en vida al centre penitenciari. Elles, al seu torn, tenen l'ajuda d'un psiquiatre per poder sobreposar-se a aquestes realitats i mantenir l' equilibri mental. L'amor pel tango ajuda la Nancy. A la Maya, la salva a estones la passió pel *sushi*. És la seva part menys kamikaze.

# Quan escapes dels teus *propietaris*

## BENCHYMER: la minyona esclava

DAVANT MEU TINC UN PETIT ALTELL. Per a mi, és un espai per desar-hi les poques maletes que hi caben. Per a alguns libanesos, podria ser l'habitació de la minyona. Aquest és un dels primers impactes amb què em rebia Beirut només instal·lar-m'hi. Acabava de llogar un pis al popular barri de Hamra i el porter, satisfet, me'l mostrava. Vaig comentar-li que el forat sobre el lavabo m'aniria molt bé per posar-hi trastos. Però en Samir va respondre'm somrient: «No dona, no. Aquí hi pot dormir la teva *maid.*» «La meva... què?», vaig preguntar estranyada.

Aquell cau on amb prou feines cabia una persona arraulida estava dissenyat perquè fos el lloc de descans de la treballadora domèstica. «Si en contractes una, t'hi posarem una escala i llestos, com tenen els veïns de baix!», em deia com si fos una ganga. Però darrere d'aquella conversa entre llogatera i porter, s'amagava una xacra terrible que anava més enllà de l'altell.

Un *zulo* que llavors encara no podia ni imaginar que era bastant més comfortable que l'opció real de dormir encongida sota la pica de rentar els plats, al costat dels cubells de la brossa o a la intempèrie d'un terrat.

Moltes d'aquestes dones de fer feines no tan sols pateixen explotació laboral, sinó també maltractaments físics i abusos sexuals. I quina és la conseqüència de tanta brutalitat silenciada? Al Líban, de mitjana, almenys dues minyones se suïciden cada setmana, segons diverses organitzacions locals i internacionals com Human Rights Watch (HRW). Almenys vuit dones mortes al mes. És l'única manera que veuen possible de poder escapar dels que s'han erigit com els seus propietaris.

«Quan els deia que soc un ésser humà i que m'havien de tractar bé, m'amenaçaven que si no tenia la boca tancada em tirarien pel balcó.» La Benchymer —nom fictici amb què vol que l'anomenem— ha escapat abans que la família complís el que ella sabia que no era una simple advertència. I ho ha fet sense esperar que el maltractament inhumà que patia l'empenyés, literalment, a tirar-se ella mateixa per un balcó on dormia cada nit, damunt d'un terra negat d'aigua quan plovia. Algunes amigues seves, desesperades i sense veure sortida a la casa on les tenien tancades, no han trobat cap altra solució que saltar per la barana o empassar-se un bon grapat de pastilles.

Sense llàgrimes i sense fer-ne cap drama —tot i ser-ho—, aquesta noia relata el malson en què s'ha acabat convertint el seu somni d'arribar a Beirut. Amb vint-i-tres anys va deixar molt lluny Etiòpia i la família, que sobreviu en un petit poble d'una zona rural. La prioritat era enviar-los diners cada mes i, si podia, estalviar-ne uns quants per tornar i estudiar, més endavant, una carrera universitària. El seu objectiu des de petita era ser advocada. M'ho confessa en un dels pocs cops que li intueixo un somriure. I, sense haver cursat dret, ha après molt de lleis. Però per poder esquivar-les i sobreviure a unes normes que, legalment, les maten.

La Benchymer va arribar com una migrant més i com tantes altres s'ha acabat convertint en il·legal al país, una fugida de la justícia. Aprofitant el trasllat d'una casa a una altra que li tocava netejar, va atrevir-se a fer el que tants cops havia pensat: saltar del cotxe en marxa i arrencar a córrer. S'ha quedat sense passaport ni cap tipus de documentació, perquè tan bon punt va aterrar a l'aeroport de Beirut mesos abans, primer l'agència intermediària que va reclutar-la i després la família que van assignar-li van confiscar-li uns papers que no ha pogut recuperar. Si tornés a buscar-los, podrien tancar-la altre cop i castigar-la per haver marxat, entregar-la a la policia i acabar empresonada o, en darrer extrem, deportar-la al seu país natal. Ara no és lliure, però, almenys, es consola enrabiada, no serà mai més una esclava.

«No em donaven menjar, passava molta gana i em congelava dormint al balcó. Em feien beure l'aigua bruta que els sobrava de rentar perquè la potable, al Líban, s'ha de comprar. Estava gairebé sempre malalta, però mai no em duien a l'hospital ni em donaven els medicaments que necessitava. Per culpa d'això, ara tinc problemes estomacals crònics, per a tota la vida.» També patia explotació laboral: no tenia cap dia lliure a la setmana, tot i que li ho havien promès, i havia de treballar vint hores diàries. Ho feia servint a la casa on estava interna i en altres pisos de familiars o coneguts que, sense cap explicació, també li adjudicaven. Li retenien algunes mensualitats i descomptaven del seu sou migrat les engrunes de menjar que li tiraven a terra com si fos una bestiola. Trossos de pa sec, peles de fruites i verdures... Només podia sortir de casa per treballar, tenia prohibit quedar amb cap amiga i trucar per demanar auxili. La família li va confiscar el mòbil i només l'hi deixava per comunicar-se amb els seus, i, encara, quan hi parlava, ells volien ser-hi presents. Havien d'assegurar-se que no els explicava res d'aquest segrest.

El patró es repeteix a l'interior de moltes cases de Beirut, arreu del país i, malauradament, del Pròxim Orient. La *mada-*

*me*, com es refereixen a la dona que contracta la minyona, busca aïllar qui considera la seva esclava. Vol silenciar l'abús que es viu entre les quatre parets del seu habitatge i evitar com sigui que es conegui un maltractament que en el cas de la Benchymer era físic i psicològic. «Som com una propietat privada: si et diuen dorm, dorms. Si et diuen menja, menges. Si et diuen calla, calles. I si no obeeixes, t'apallissen.» O encara pitjor: et violen. Reconeix que algunes de les seves companyes són assetjades pel marit o els fills, que aprofiten per actuar quan es queden sols a casa. La seva mirada incòmoda deixa entendre que no vol aprofundir en aquest aspecte.

I quina és la llei que permet que tot això passi en ple segle XXI? La Kafala. Aquest és el sistema que hi ha darrere aquest drama. Es tracta d'un tipus d'esponsorització, vigent al Líban i en molts altres països de la regió. Per si sola no és una normativa dolenta, en el sentit que no inclou tota aquesta barbaritat en forma de clàusules abusives. Però permet una cosa que, sorprenentment, resulta que és pitjor: confiar en l'espècie humana. Deixa en mans de l'esponsor tota responsabilitat sobre la persona a qui contracta. Un sistema que regeix tots els treballadors estrangers al país però que situa en una situació especialment vulnerable els que fan feina en l'àmbit domèstic. «Les famílies tenen l'autoritat de fer amb nosaltres el que volen. I això, com veus, acaba donant peu a abusos i morts, enmig del silenci de tothom», conclou amb amargor la Benchymer.

Moltes vegades, lamenta, l'assetjament es produeix per part de la dona de la casa o amb el seu consentiment, com passava a la mansió d'on ella es va escapar, i té també la complicitat dels veïns, que l'endemà d'una nit de crits i soroll es limiten a somriure amablement. Se'n queixa dolguda observant uns libanesos a qui també responsabilitza del seu horror. Ho fa mentre passen, aliens a la nostra conversa, per sota del balcó on ara som.

Un espai estret i llarg, molt semblant al que va fer-li d'habitació durant gairebé un any.

Ara, però, som a la segona planta d'un edifici humil i discret del centre de la capital que ha estat el seu refugi i la seva salvació: el centre per a la comunitat de migrants (Migrant Community Center). És una ONG fundada el 2011, en plena efervescència de les primaveres àrabs, per feministes i activistes contra el racisme. Qui m'ha obert la porta i ha intercedit perquè pugui conèixer el cas de la Benchymer és Gema Justo. Per sobre de la seixantena, és una dona menuda, però de presència robusta. Va ser durant molts anys treballadora domèstica al Líban i actualment coordina aquest organització que intenta protegir-les. És d'origen filipí, la nacionalitat més nombrosa en el col·lectiu de minyones al país. També són les que van arribar-hi abans, algunes tot just després que hagués acabat la guerra civil libanesa (1975-1990) per substituir a casa les dones que aquí volien començar a emancipar-se. Des de llavors, el seu nombre va créixer de manera exponencial. El 1993 eren unes 33.000, avui s'apropen a les 250.000 per a una població de prop de cinc milions d'habitants. Això els ha donat, tristament, un avantatge: a cop d'abusos, s'han anat organitzant clandestinament.

Mentre som allà, la Gema està molt pendent del mòbil. Es disculpa de manera reiterada cada cop que s'ha d'apartar per agafar-lo. Amb cara de circumstàncies, xiuxiueja mentre fa voltes, nerviosa, pel vestíbul. Primer es limita a dir-nos que ha d'atendre unes urgències. Però després, quan parlem amb ella amb més confiança, ens detalla el tipus de missatge que li traslladen. Al servei en diuen *hot line* i rep ultimàtums com aquest: «Si no m'ajudeu, d'aquí a unes hores trobareu el meu cos mort sota casa perquè m'hauré llançat daltabaix.» Són minyones a punt de suïcidar-se.

Quan passa això, massa cops cada setmana, s'activa un protocol d'emergència. Un equip de voluntàries —gairebé totes ex-treballadores domèstiques acompanyades d'una psicòloga— es posa en marxa. Si la noia que amenaça de suïcidar-se els diu l'adreça, hi van al més aviat possible; si no, miren d'esbrinar on viu a través del visat de la jove i dels contactes que durant anys han teixit com a centre d'assistència.

I com actuen, un cop troben la casa des d'on s'ha cridat auxili? No els cal la força física. En tenen prou amb la força de la paraula. La Gema ens ho resumeix així: «Posar en perill la reputació de la família és la nostra millor arma. Truquem a l'habitatge on hi ha la noia. Amb molta calma, avisem els propietaris que som allà i que si no ens deixen entrar i parlar una estona els muntarem un escàndol.» Les portes s'obren al moment, ens diu, sense tensions ni males cares. Al contrari, la *madame* en qüestió convida la Gema i les seves companyes a passar amb tot tipus d'atencions forçades. No volen despertar comentaris en una comunitat que, en general, sap de sobres què passa. Però, en públic, no volen que els avergonyeixin. Un cop asseguts, s'acostuma a repetir la mateixa escena, ens explica: els responsables de contractar la jove asseguren que les acusacions són falses. I, sovint, la mateixa noia s'acaba fent enrere negant fins i tot que hagi fet cap trucada de socors. El pànic davant possibles represàlies les paralitza, lamenta la Gema, que, aleshores, només pot intentar fer pedagogia sobre els drets més bàsics d'aquestes treballadores. Després de la xerrada, els voluntaris marxen sabent —impotents— que l'infern continuarà un cop la porta es torni a tancar amb ells fora de la casa.

A mesura que la xacra s'ha anat estenent, també ho ha fet la xarxa clandestina que mira d'ajudar les noies que decideixen escapar-se. A banda d'exminyones com la Gema, diverses organitzacions religioses intenten parar el primer cop. En alguns indrets de Beirut, s'encarreguen discretament de proporcionar l'assistència més bàsica amb menjar, roba, sabó, una quantitat mínima de diners per subsistir i llit per dormir les primeres nits. Ningú no gosa fer detencions en llocs sagrats. Les noies que hi fan cap han desistit d'adreçar-se a la policia perquè les acaben retornant a les cases d'on fugen, amb l'excusa que no es pot interferir en *qüestions internes*. Aquest col·lectiu queda exclòs del codi laboral del país i, per tant, és molt difícil d'assistir. A més, el Govern no ha ratificat la convenció de l'Organització Internacional del Treball i el marc regulador vigent es mostra del tot insuficient. La via penal contra els abusadors podria ser una opció, però les noies saben que és lenta i costosa. Tant a l'hora de demostrar els abusos patits —injustament, elles han de provar que no són culpables— com en el moment de pagar als advocats unes quantitats impossibles de sufragar amb la misèria que cobren.

D'aquesta vulnerabilitat, se n'aprofiten i en viuen les prop de sis-centes agències intermediàries —o *dalatas*— distribuïdes per tot el país. Concentrades sobretot a la capital, aconsegueixen beneficis milionaris que els serveixen per justificar, sense remordiments, aquest nou esclavatge. «Elles ja saben a què venen, coneixen perfectament el joc, quan han signat i són aquí ja és massa tard per queixar-se.» Ens ho diu amb vehemència Hisham al-Bourji, propietari d'una agència important del sector. Cap autocrítica, al contrari, se'n senten salvadors: «Quantes noies venen aquí i els canviem la vida a millor? A elles, però també a les seves famílies? Són tantes històries! Moltes d'aquestes joves no s'obliden de mi i encara m'envien felicitacions per Nadal o targetes d'agraïment...».

Però en Hisham supera els llindars del cinisme quan se li pregunta què deuen fer malament perquè cada setmana se suïcidin almenys dues treballadores. «Algunes noies és el primer cop que veuen persones blanques i es posen nervioses, s'espanten. Només que els donis una ordre se senten insultades, com si les tractessis com a esclaves.» Les barbaritats no s'acaben aquí. «Algunes joves, quan aterren al Líban des del seu país d'origen, pateixen canvis de pressió atmosfèrica i de temperatura que les desestabilitzen fins a portar-les a treure's la vida. D'altres cauen del balcó de manera accidental.»

L'argumentari d'en Hisham pren, tristament, rellevància. No estem davant del responsable d'una agència qualsevol. Durant molts anys va ser president d'una de les patronals principals que agrupen aquestes empreses. Potser perquè ara ja no ocupa aquell càrrec se sent més lliure per verbalitzar tants disbarats. O potser també perquè està colgat de diners aconseguits en dues dècades d'un negoci vergonyós. Al seu despatx —opulent, carregat i a trossos folrat d'un marbre estrany—, hi exposa nombrosos reconeixements a la seva trajectòria. Fotografies, certificats, estatuetes, plaques... Mentre li fem l'entrevista, atén trucades sobre noies per a qui ha fet d'intermediari, signa paperassa que li entren diferents secretàries estressades, mira de cua d'ull les càmeres amb què vigilen les treballadores que l'agència acull en una altra sala mentre esperen que algú les reculli.

La sensació que estem davant un mercadeig absolut de la dona culmina quan ens mostra un catàleg. El té *on-line* i en paper. Pàgines i pàgines amb fotografies de noies i les respectives descripcions d'edat, pes, alçada, procedència, color de pell, religió, idiomes que dominen, punts forts, observacions, tarifa... Aquesta darrera oscil·la en funció, sobretot, del país d'origen. Les filipines, ens explica en Hisham, són les més buscades. En general tenen un millor nivell d'anglès, experiència i són «menys fosques», argumenta. Això les «encareix» fins als 250 dòlars mensuals. Perquè ens situem: menys de la meitat del que hauria de ser el salari mínim libanès. Però les etíops, com la Benchymer, són les més contractades perquè en termes de qualitat-preu són les més econòmiques i «solvents»: uns 150 dòlars al mes. Encara més barates, però menys sol·licitades perquè «el nivell baixa massa», hi ha les joves de Bangla Desh o Sri Lanka. I un detall no menor: ens explica que les «lletges» —em pregunto quin és el seu criteri per determinar-ho— són més cares que les «guapes». La raó: les dones que les contracten per a casa seva volen evitar que temptin els seus marits, entenent —és clar— que la minyona és la culpable de tots els mals potencials i que l'home en serà una pobra víctima. Així que, conclou, «les volen lletges i no gaire jovenetes».

Veient el llenguatge verbal —i corporal— d'en Hisham entenc ara una imatge que em va desquadrar durant l'estrena d'un documental que es projectava a Beirut mesos abans. Sota el títol *A Maid for Each*, el director Maher Abi Samra fa una radiografia mordaç d'aquest fenomen i destaca la indiferència amb què hi ha decidit conviure la societat libanesa. Tant és així, que el propietari de l'agència que protagonitza bona part de la pel·lícula —el Hisham de torn— era a la sala del cinema. Concretament a primera fila, a les butaques reservades per als convidats. La pel·lícula fa un retrat duríssim sobre com mercadegen sense miraments amb aquestes treballadores domèstiques. Però a ell se'l veia ben cofoi mentre el projectaven a la gran pantalla, orgullós del que hi explicava, com en Hisham, que ara mateix tinc al davant. En tots dos casos, se senten artífexs de la riquesa econòmica del Líban i no prou reconeguts pel seu suposat mèrit.

«No et va bé aquesta noia? Cap problema. Te la canviem d'aquí a una estona!», despatxa en Hisham per telèfon amb tota normalitat.

Fa gairebé vint anys, alguns van tenir l'esperança que aquesta dinàmica perversa canviaria. El Govern libanès va tancar la primera agència de minyones del país. Però va ser un miratge i, ben al contrari, la situació ha anat empitjorant. Un exemple: el 2018 es van fer virals unes imatges. S'hi veien dues noies de Kènia apallissades al carrer, a plena llum del dia. Qui va acabar davant d'un tribunal militar? Elles, que, a més, van ser deportades. Als autors de la pallissa no els va passar absolutament res. El malestar entre els dos països implicats, el Líban i Kènia, es va arreglar senzillament amb dosis de diplomàcia. Però arran de tantes violacions flagrants, alguns governs han prohibit a les seves nacionals viatjar aquí per treballar. També en això, feta la llei, feta la trampa. Si a l'agència li interessa alguna noia d'una nacionalitat que no pot contractar en origen, la fa venir d'altres indrets on treballa, sobretot del Golf. «N'hi ha per triar i remenar», et diuen. I és ben cert: només al Pròxim Orient hi ha tres milions de treballadores domèstiques, una quarta part de les minyones del món.

Aquest tràfic d'esclaves modernes mou milers de milions de dòlars cada any i s'ha convertit en un negoci que les autoritats volen protegir. D'aquí la resistència titànica del Govern a l'hora de derogar el sistema d'esponsorització o Kafala. Oficialment, la versió és que no hi ha millor manera de controlar un estrany a casa. A més, convertint el ciutadà en *propietari* de la seva treballadora domèstica, l'executiu se'n desentén i li traspassa la tutela i la responsabilitat del que pugui fer aquella jove estrangera. Famílies temoroses que les joves s'escapin, es fiquin en problemes, acabin en locals de massatges o de prostitució, i que siguin ells —temen— els que n'hagin de respondre davant la justícia. Així que creuen que tenir-les controlades és la solució. Encara millor: tancades.

Els murs de la presó, però, comencen a esquerdar-se. El silenci intenta fer-se sonor. I les xarxes socials s'han convertit en un altaveu incontrolable. Entro a la pagina web *This is Lebanon* ('Això és el Líban'). Llegeixo: «Si ets una treballadora domèstica de qui abusen o en coneixes alguna, escriu-nos, mirarem d'ajudar-te.» Treballen en set llengües, les més utilitzades per aquest col·lectiu. I en el temps que fa que funcionen, prop de dos anys, han rebut milers de consultes. Treballadores assetjades hi pengen fotografies dels que han estat els seus abusadors, exposats en un tipus de taulell d'anuncis virtual de la vergonya. A través d'aquesta pàgina —pionera al país i a la regió— es fa pública informació molt sensible. Tan incòmoda per a molts, que la web és víctima d'intents continuats de piratejar-la perquè no es pugui obrir des del Líban i una de les seves impulsores i exminyona s'ha hagut d'exiliar fugint d'amenaces mortals. Ningú no vol que els seus noms i cognoms apareguin entre els ciutadans que converteixen en esclaves les treballadores domèstiques.

A *This is Lebanon* s'exposen també casos tan mediàtics com el de Lensa Luilsa, una jove etíop de vint anys que treballava per a una família adinerada. Concretament, feia feines per a Eleonore Couture, una dissenyadora que vesteix estrelles de Hollywood i que va convertir el seu pis en una autèntica *casa dels horrors*. El matrimoni, explicava la Lensa, li pegava i l'assetjava, l'arrossegava estirant-la dels cabells; els fills li donaven puntades de peu, li posaven els dits als ulls... Eren maltractaments que van arribar a ser tan insuportables que la noia es va acabar llançant des del segon pis de la casa. No va aconseguir matar-se, però es va trencar totes dues cames. Ingressada en un hospital i aconsellada per amigues i companyes, va denunciar públicament els abusos, però després que la visités la dissenyadora es va acabar desdint i va assegurar que eren gent encantadora i que ella s'ho havia inventat tot per cridar l'atenció. Durant un temps va tornar a viure amb els seus assetjadors i no ha transcendit res més del seu cas. Ja se n'encarregaran la família que se'n creia propietària i l'agència, de silenciar-la. I és que mentre al carrer es feien protestes de suport, a la mare de la Lensa li feien arribar una advertència fins a Etiòpia: «Si no s'aturen les concentracions al Líban, et tornarem la filla en forma de cadàver i en un taüt».

Les xarxes socials no fan només d'altaveu de les víctimes, sinó que sovint en trenquen l'aïllament forçat. Així els ho ensenyen en tallers especialitzats a formar aquest col·lectiu vulnerable. Aprenen a moure's per Facebook o WhatsApp de manera discreta, segura, establint xarxes d'assistència entre elles. Fins i tot, aprofitant que les famílies són fora de casa, demanen menjar per portar a domicili per a algunes treballadores a qui fan passar gana. Aquesta formació la reben també al centre de migrants que coordina la Gema. O que dirigia, més ben dit, perquè l'acaben de deportar al seu país. Aquesta filipina no en tenia prou de liderar el centre de migrants, sinó que també havia creat el primer sindicat de minyones del Líban i el món àrab. El desafiament era doble. D'una banda: mobilitzar unes persones que normalment no poden sortir ni de casa, que no sempre parlen ni entenen l'anglès i que estan paralitzades per la por que les deportin. De l'altra: escapar de la vigilància d'un Govern que considera que qualsevol sindicat integrat per estrangers és il·legal i potencialment perillós. Finalment, va acabar detinguda per la policia i després deportada.

La Gema ha marxat del Líban sense saber que, almenys, una de les joves que va acollir ha tingut millor sort: la Bencymer ha aconseguit fugir i instal·lar-se al Canadà com a asilada. D'alguna manera, la Gema va ser l'àngel de la Bencymer. Però, sortosament, n'hi ha més, d'aquests àngels de la guarda. Persones que, de forma altruista, alliberen minyones de les seves carcelleres. Ho fan pagant una quantitat de diners a les *madames* a canvi que retornin els papers a les joves. Aquests, però, són casos aïllats i el barri de Hamra em torna ben de pressa a la crua realitat.

És diumenge. L'anar i venir de minyones és constant. Per a moltes, les més afortunades, aquest és l'únic dia que poden sortir de casa. I no puc evitar preguntar-me si estan passant per un calvari com el de la Benchymer o si tindran la sort de trobar-se amb algú com la Gema, algú que les ajudi mentre no ho fa qui hi està obligat: la justícia, que hauria de protegir-les, i la política, que hauria de derogar el sistema Kafala. Lluny d'això, es continua socialitzant aquesta explotació inhumana. La prova més clara la tinc al davant: una tanca publicitària que s'alça al costat d'un complex immobiliari en construcció. Entre la llista de luxes de què disposen els nous apartaments, n'hi ha un que em crida l'atenció: «habitació amb bany per a la minyona». Somric per no plorar i penso: «Bé, ja és més que el meu petit altell».

# Quan fas ombra perquè il·lumines Gaza

## Majd: palestina i enginyera envejada

Estudiar enginyeria i acabar dissenyant Sun Box, el prototip d'unes caixetes domèstiques que transformen l'energia solar en electricitat, té força mèrit, sobretot perquè a Gaza sovint hi ha només quatre hores de llum diàries. Però també perquè, fent-les barates, com és el cas, les pot adquirir una població empobrida en què vuit de cada deu persones no tenen feina ni reben cap assistència. Aquest aparell no és en absolut un caprici: de dia, pot fer funcionar, per exemple, una nevera, imprescindible per conservar els aliments en una zona tan càlida; de nit, permet encendre els llums, cosa que evita molts incendis mortals provocats per descuits amb les espelmes. Però el que realment és excepcional és que darrere d'aquest projecte empresarial i humanitari hi ha una dona palestina. I és que a la Franja gairebé totes elles treballen a casa tenint cura de la família, perquè la societat conservadora en què viuen no els ofereix gaires alternatives. La majoria ni es qüestiona que pugui fer una altra cosa.

Però aquest no és el cas de la Majd al-Mashharawi. Amb només vint-i-cinc anys trenca tots aquests esquemes que imposa el sistema patriarcal dominant. Escoltant-la, sembla que gaudeix superant els límits que li volen marcar. De petita jugava amb els tubs i les cubetes del seu pare, que era químic, i no pas amb nines. De nena somiava a posar fi a una foscor que l'espantava, i no pas amb prínceps. I de jove va decidir estudiar enginyeria i no pas magisteri o medicina, com volien a casa. El detonant que la va portar a triar aquesta carrera va ser una situació violenta que encara té gravada a la retina. A pocs metres d'on era, va veure que un jove llançava un artefacte casolà, però la bomba li va esclatar a les mans abans de separar-se'n i el va deixar desfigurat enmig d'un bassal de sang. Superat el xoc inicial, durant els dies següents no podia deixar de rumiar sobre què havia fallat tècnicament en aquell explosiu. Cap reflexió en relació amb la situació, per a ella normalitzada, de veure al carrer un adolescent que maniobrava un material tan perillós.

El que tampoc no va ser habitual durant els anys següents és la seva presència a les aules. Ben poques noies palestines estudien una carrera tan tècnica. I també li tocava negar reiteradament que hagués triat aquella especialitat per ajudar en el negoci del seu pare, com tothom li pressuposava. Li pregunto si està casada i em respon amb un sonor «No!». Una negativa que amaga un: «Però què dius!», seguit d'un irònic «Sortosament, ja estic fora de mercat». Sense haver arribat a la trentena, m'explica, les seves amigues ja tenen molts fills i estan del tot desaparegudes. Però la Majd segueix soltera perquè s'hi esforça, subratlla riallera. «Molts nois s'han ofert per casar-se amb mi. La família em diu que són bons nois. I segur que ho són! Però jo no he vist prou món encara!» Així és com prova de calmar el seu pare, desesperat per trobar-li el marit ideal i posar fi a una solteria que l'estigmatitza a ella i a tota la família. No els ho té en compte. Se'ls estima i per això quan la jutgen acaba justificant-los. El bloqueig que fa més de deu anys impedeix la lliure circulació de productes i persones a la Franja els obstrueix també la ment, defensa. «No és culpa d'ells, sinó de la situació», els excusa.

La Majd és com les seves caixetes: inesgotable. Ni vuit intents fallits per sortir de Gaza —perquè Israel li denegava el permís— ni sentir-se dir moltes vegades que era una somiadora fracassada van aconseguir aturar-la. Ben al contrari, l'empenyien a tornar-ho a provar. Finalment va aconseguir abandonar la Franja i créixer acadèmicament també a l'estranger. Ara admet que a vegades desitjaria no haver marxat mai ni haver vist que hi ha un altre món fora de la gàbia que tanquen Israel i Egipte amb la complicitat de la comunitat internacional. «La vida se m'ha complicat. Aquí ser dona i viatgera no està acceptat. Nosaltres ens hem de quedar a casa. Marxar a Europa o als Estats Units per agafar idees i aplicar-les a Gaza està mal vist i t'ho fan pagar car.» Però això no l'ha frenada a l'hora d'estudiar al Japó o viatjar a la Xina, d'on importa materials per als seus prototips d'energia solar.

Mentre enregistrem l'entrevista es recol·loca curosament el vel rosa que la cobreix. Vol tapar una punta de serrell que se li escapa. Li mostrem el visor perquè comprovi com es veu i se senti més còmoda en pantalla. En aquell moment em pregunto per què una noia com ella, que desafia el sistema des d'on fa més mal, es preocupa tant pel seu aspecte físic. Intueix de seguida el meu pensament i s'anticipa a qualsevol comentari: «Jo no em vestiria així, llarga i amb vel, però ho faig per respecte als meus pares i perquè no vull que els critiquin més encara. A ells no.» Això evidencia com pesa el patriarcat, fins al punt que aconsegueix que algú com la Majd renunciï a una part de la seva llibertat per tal protegir els de casa. És valenta, però no suïcida.

A la Franja, totes les dones —tret d'alguna excepció— van cobertes i només mostren la cara. Se sorprenen de veure'm sense mocador ni una túnica llarga que em tapi almenys la part alta dels pantalons. En diverses ocasions i a diferents punts de la regió, els homes a qui entrevistem ignoren que hi soc, alguns ni em saluden pel fet de ser una dona. I, a vegades, els nois de l'equip, l'Oriol i el Tariq, s'han d'acabar posant al meu lloc perquè els incomoda mirar-me mentre em responen. Just després d'una d'aquestes entrevistes a què costa acostumar-se, ens aturem a fer un *shawarma* ràpid. La situació al restaurant també és normal per a ells, però no per a nosaltres. El guia local que ens acompanya es posa vermell pensant que jo, només d'entrar, he anat al lavabo. I m'ho explica: «Aquí tenen poc espai per a dos banys i, com que només n'hi pot haver un, és per als homes. Vosaltres... a fora.» Jo m'enfado, i ell es relaxa quan li confesso que —sense saber que m'estava prohibit— no hi he entrat perquè estava ocupat. Són només detalls, però prou indicatius del món d'homes i per a homes on viu la Majd.

El seu èxit incomoda a peu de carrer, en restaurants com aquests, però també les elits econòmiques. I desespera, concretament, les màfies dels generadors elèctrics i els proveïdors de productes semblants al seu. La companyia que dirigeix «com un home», fa broma, els suposa tota una amenaça. Com més Sun Box ven ella, menys en despatxen els altres. Però el que ho fa encara més insoportable per aquests monopolis masculins és que sigui una dona qui lideri el projecte. Tant és el pànic i la humiliació que els genera que no dubten a boicotejar-li l'empresa. Fins i tot, ens explica sorneguera, li han fet una oferta de compra perquè, literalment, desaparegui. I, traient ferro a les amenaces de mort que rep sovint, presumeix: «Senyal que vaig per bon camí».

Veient el seu taller, ple de joves que hi treballen, sembla que altres noies li segueixin la petja. La prioritat, admet, és que l'empresa funcioni, perquè no vol dependre de donacions, però també, i sobretot, oferir oportunitats als joves de la Franja. Per una banda, amb les caixes d'energia solar volia descarregar aquest col·lectiu de l'obsessió que ella mateixa vivia cada matí abans de posar-se a estudiar: despertar-se de matinada per comprovar si aquella nit hi havia electricitat i el portàtil o el mòbil s'estaven carregant. «Quan desocupes la ment de les persones de preocupacions evitables com aquesta, la poden ocupar amb les prioritats realment importants», diu sabent de què parla. Però, per altra banda, amb la seva empresa, vol catalitzar talent desaprofitat. I té molt mèrit, perquè parlem d'adolescents amb una vida marcada pel bloqueig i les intifades. Alguns no han vist res més. Ella mateixa va abandonar la casa on vivia de petita, al costat d'una de les tanques que fa frontera amb Israel, perquè els bombardejos, els tirotejos i les ambulàncies se li feien insuportables. Però ni tots els menors han pogut escapar d'aquesta zona, ni els que ho han fet no han tingut la capacitat de la Majd, de convertir en energia —anímica i solar— la injustícia de no haver tingut infantesa.

La seva és una generació mutilada, físicament però també a nivell mental. Perquè l'absència de guerra no significa la pau. I menys per a la salut psicològica dels més joves. Una patologia ho resumeix: la síndrome de Gaza. No sabia que existia, però trepitjant la Franja s'intueix. No és una manera genèrica de batejar un estat anímic, sinó una malaltia tipificada seguint els estàndards psicològics internacionals. Un trauma que no té posttrauma, ens explica a la seva consulta Sami Oweida. Ell és l'únic psiquiatre en aquest petit enclavament i un referent mundial especialitzat en infants. Aquí —ens diu amb to contundent—, el trauma és constant, no té final. Us imagineu, doncs, viure en un estat d'alerta permanent? Mantenir dosis elevades d'adrenalina durant mesos i anys? Pensar que si Israel no t'està bombardejant ho farà en qualsevol moment, en qualsevol lloc? «Tothom, però sobretot els infants, té una necessitat bàsica: sentir-se segur. I quan no tens cap recer, experimentes una de les pitjors experiències vitals. És una hemorràgia psicològica constant», resumeix Oweida gràficament.

Així viuen, o, més ben dit, sobreviuen, dos milions de persones, tractades com si fossin animals. Gairebé la meitat d'aquests ciutadans són menors d'edat, en una de les poblacions més joves del món. Són 365 quilòmetres quadrats que conformen la presó a cel obert més gran del planeta. I són ells, la canalla, els qui més ho pateixen. La tensió permanent a què estan sotmesos, perquè no se'n poden escapar, té efectes físics clars: taquicàrdies, diabetis, trastorns alimentaris... Però sobretot comporta alteracions emocionals: tenen malsons i pànic dels sorolls, especialment dels drons i els avions; s'orinen al llit; s'aïllen socialment; sempre volen tenir els pares a prop; sovint es tornen agressius, i pateixen fracàs i abandonament escolar. Creix el nombre de depressions i els intents de suïcidi són cada cop més freqüents.

El mateix doctor ens suggereix que visitem un dels tallers de l'ONG que ell dirigeix i on es fa el que en diuen *psicodrama*. Treballa just a la zona fronterera d'on la família de la Majd van decidir marxar quan començaven a experimentar alguns d'aquests símptomes. En una de les sessions setmanals, hi trobem una desena de nens disfressats amb retalls de tela de colors que lluiten entre ells i cauen a terra entre crits i puntades. En aquella estona, n'hi ha algun que obre i tanca la porta repetidament de manera violenta. No entenc quin sentit té. Els pregunto si fan veure que són superherois, però em diuen que no, que són màrtirs. Criden: «Els matarem a tots!» I el soroll inquietant dels cops de porta vol simular, m'explica la terapeuta que els tracta, una ràfega de trets. «Màrtirs, trets, matar?», pregunto a Bushra Abuleila. I ens ho aclareix: «Aquests nens viuen al costat de la tanca i —només durant el darrer any— han estat testimonis de la mort de més de 200 palestins i han vist evacuar 30.000 ferits, la majoria per trets de franctiradors israelians. Gairebé tots han perdut algun amic o familiar. Molts d'ells veuen heroic morir pels seus. I per això els imiten».

Fora de l'aula on fan aquesta teràpia, en una renglera de cadires de plàstic, hi ha un noi assegut. És el germà gran d'uns bessons que són a dins. Els hi acompanya perquè, arran de la darrera escalada de violència, fa només uns quants dies, un dels dos nens ha tornat a orinar-se al llit i només vol dormir amb els pares. És una altra de les crueltats de la síndrome de Gaza: qualsevol alteració de la normalitat fa tornar aquests nens a la casella de sortida, els fa retrocedir i perdre tot el que havien aconseguit amb molt d'esforç.

Ens acomiadem dels infants i ens desplacem justament fins a la tanca que els traumatitza. Només arribar-hi observem el que, vist des de lluny, sembla un joc, però que de prop és una pràctica macabra. Són nens com els del taller que han perdut la por i sense cap sensació de perill corren i es llancen, literalment, contra el mur de formigó. «Tir al palestí», ironitzen, mentre els franctiradors israelians apunten als seus cossos des de l'altra banda. A pocs metres d'on som, un nen d'uns deu anys —sense cap pedra, cap estel encès, ni cap globus que porti cap mena d'artefacte casolà— rep un tret en una cama. Fa un crit agut i cau a terra cargolant-se de dolor. En qüestió de segons, un eixam de gent l'envolta i se l'enduen corrent en una llitera. No feia absolutament res ni era cap amenaça, com solen dir els israelians en aquests casos. Com jo, es mirava la protesta a una certa distància. Res més. Injustificable. A diferència de mi, que soc un testimoni privilegiat, ho feia sense casc ni armilla antibales. Poc acostumada a veure que tirotegin algú tan a prop meu, no em vaig poder aguantar les llàgrimes. Plorava mentre caminava sense rumb per aquell camp on les ràfegues no paraven i altres nens seguien caient fulminats com si fos una cacera. Tampoc no es va salvar de rebre un tret un jove que anava acompanyat per un sanitari i que duia una bata blanca que l'identificava de manera inequívoca. Ni tan sols això va fer desistir un militar de prémer el gallet.

Com a resultat d'aquesta bogeria, a Gaza ja parlen de si mateixos com la *Franja Amputada*. La majoria dels trets que reben aquests joves palestins per part d'Israel tenen una destinació clara i buscada: les cames. Davant nostre: un adolescent a qui ni les crosses no li impedeixen participar en la protesta. Crosses, cadires de rodes... formen part del trist escenari. El cap de la unitat de cirurgia plàstica del Centre Mèdic de la Universitat Americana de Beirut, Ghassan Abu Sitta —que es trasllada a la Franja per ajudar en moments de màxima emergència—, ens ho explica de manera ben clara: «L'objectiu d'Israel no és matar, sinó portar la societat a punt del col·lapse. Si fereixes civils massivament, paralitzes una gran part del sistema sanitari i els familiars se n'han de fer càrrec. Si els mates, en canvi, els enterraran i podran tirar endavant.» El lloc on es dispara, doncs, no és casual ni tampoc no ho és la munició triada: bales de fragmentació. El seu impacte, ens diu, equival a una quinzena de projectils convencionals i provoca que la meitat dels afectats acabin amputats. A vegades, per la destrossa patida a l'os i al múscul, però també perquè als centres sanitaris no tenen medicaments per combatre infeccions postoperatòries ni tot el material necessari. El bloqueig, exemplifica en Ghassan, «ens obliga a utilitzar perforadores de paret per col·locar cargols i plaques a les cames dels ferits».

Enmig de tant d'enrenou, esquivant gasos lacrimògens i palestins que corren esparverats, parlem amb joves manifestants que més d'un any després de les Marxes del Retorn continuen posant-se en risc cada setmana. Tots reclamen el dret a recuperar les terres d'on els seus van ser expulsats arran de la creació de l'Estat d'Israel el 1948. Però l'Abdulah, de tot just setze anys, s'atreveix a posar en relleu una altra realitat que pocs verbalitzen. Els joves que Israel fereix davant la tanca reben una compensació de l'organització islamista Hamas, que governa la Franja, i la pobresa és tan extrema que alguns reconeixen que voldrien rebre l'impacte d'una bala per poder cobrar els doscents dòlars que els paguen. Encara no ho he paït quan l'Aya, una nena de la mateixa edat, afegeix que està disposada a que li disparin a la mateixa cama que van tirotejar-li fa uns quants mesos per obtenir aquests diners i donar-los a casa. Però la duresa no acaba en aquesta tanca i el drama s'estén arreu de Gaza.

«Són morts en vida. El seu dia a dia ha canviat. També la seva personalitat. No tenen futur. Estan en procés de col·lapse.» En aquests termes parla Ahed Bakr del seu fill. És en Muntaser. Ara té setze anys, però quan en tenia dotze va veure com Israel llançava un míssil a la platja on jugava a futbol amb amics, germans i cosins. Quatre van morir i ell va sobreviure, almenys físicament. Ens reben a casa, apilats i enmig d'un anar i venir de gent constant. La mare intenta justificar tant moviment explicant-nos el que ja ens havia avançat el psiquiatre: sempre intenten que hi hagi algú a prop i quan hi ha perill d'ofensiva dormen plegats. La Sharifa m'explica que, fa tres setmanes, durant la darrera revifada, van trobar en Muntaser amagat sota el llit, tremolós. En el mateix espai, ple de fotografies dels seus fills *màrtirs*, apareix el pare d'un altre jove, un cosí, que també es va salvar. «No patim tant pels fills que han mort, ja no hi podem fer res, però sí que ens angoixen els que han quedat», ens diu emocionat i amb els ulls entelats. En Muntaser i els tres supervivents van provar de tornar a l'escola, però no se'n van sortir. Se'ls feia impossible afrontar que ja no els acompanyessin les víctimes, de qui eren inseparables. Amb l'ajuda de diverses ONG, van viatjar a Itàlia per rebre tractament psicològic i treure'ls temporalment d'aquella atmosfera espessa i malalta. No s'hi van voler quedar, els calia ser a prop de casa. A la Franja, però, rendir-se no és una opció. Quan ens acostem a la platja de Gaza que Israel bombardejava el 2014, hi trobem canalla que juga, com si no hagués passat res. Malgrat que els ho fan gairebé impossible, no volen deixar de ser el que són: infants.

Toca abandonar Gaza pel mateix pas d'Eretz per on vam entrar. Marxem amb el cor encongit de pensar que deixem enrere una població que no pot fer el mateix que nosaltres: sortir quan ho decideixi.

S'hi queden confinades dos milions de persones. Ni tan sols alguns malalts greus —de càncer, per exemple— poden sortir per rebre el tractament que necessiten. Però no cal buscar casos tan extrems. Les barreres hi són per a tothom. Mentre marxem, m'adono que no hem pogut entrevistar la Majd o en Samir —una enginyera i un psiquiatre que són referents en els seus àmbits respectius—, perquè Israel no els ha concedit el permís per sortir de la Franja. Ella havia de viatjar a la Xina per tancar un tracte que podia millorar la vida dels civils amb més accés a l'electricitat; ell tenia previst anar a Nova York per intervenir en una comissió de les Nacions Unides i reclamar que s'actuï amb urgència davant la perillosa situació que viuen molts infants. En tots dos casos es tracta d'avenços vitals per a una població que agonitza i que haurà d'esperar que els seus líders polítics estiguin a l'altura. De moment fan tard. Les Nacions Unides advertien des de fa anys que el 2020 aquest enclavament serà inhabitable. I ja hi hem arribat.

# Quan un grafiti et pot costar la vida

## DIALA: dibuixant de guerra

LA DIALA ÉS «DIBUIXANT DE GUERRA». Parla a través dels seus llapis, pinzells i esprais perquè el dolor viscut sembla haver-li arrencat les cordes vocals. Gargots ràpids, enrabiats i foscos per plasmar el conflicte; traços lents, esperançats i acolorits quan vol recrear els infants que en són víctimes. La veu afònica i trencada que la caracteritza fa pensar en crits silenciats pel patiment, les represàlies i l'esgotament continus. Però res no atura l'activisme d'aquesta jove siriana. Ni ara, amb quaranta anys, ni quan en tenia deu i el seu tarannà rebel començava a despuntar. Retornada a Síria des de Kuwait —on va viure de ben petita—, no entenia per què la seva escola prop de Damasc semblava una presó. Tampoc per què a l'hora del pati l'obligaven a cantar «Llarga vida a Hafiz al-Assad», el president d'aleshores i pare de l'actual. O per què li feien cridar que «El nostre objectiu és destruir els terroristes dels Germans Musulmans», tal com eren considerats pel règim sirià. Cada vegada que a classe s'adoctrinava sobre el partit del Govern s'escapava per la finestra de l'aula. La seva mare vivia amb angoixa el que preferia pensar que eren simples malifetes pròpies de l'edat; el pare intentava frenar el pensament crític de la seva filla intuint que els podia portar molts problemes.

Però res d'això no va frenar la Diala. Al contrari, la seva activitat clandestina es va intensificar a mesura que la revolució es tornava més cruenta. Aquella dibuixant innocent va posar el seu llapis al servei de la causa. A favor de la democràcia, els drets humans i la pau. En contra de la dictadura, la repressió i la guerra. Conscient que l'art és una arma poderosa, va voler utilitzar-la.

Ironies de la vida, va ser el grafiti d'un grup de canalla el que canviaria el destí de Síria. També el seu. De periodista gràfica a dibuixant de guerra. D'activista perseguida a artista refugiada. Pel camí, ha perdut molt. S'ha buidat tant que ja no pot pintar més mort ni destrucció.

«És el teu torn, doctor.» Aquest és el lema amb què va començar tot. Un grup de nens sirians el van escriure d'amagat en una paret de la seva escola. Una entremaliadura que no hauria tingut més conseqüències en una altra època. Però era el febrer del 2011 i el doctor a qui es referien era l'oftalmòleg i president Bashar al-Assad. I l'advertència li arribava quan el seu homòleg egipci, Hosni Mubarak, i el tunisià Ben Ali havien estat expulsats del poder per la força d'un poble enfurismat, fart d'abusos i dictadures. El règim d'Al-Assad no consentia cap expressió de dissidència i no va tenir compassió. Les seves tropes a Daraa, al sud del país, van detenir la canalla i els van torturar brutalment durant setmanes. El martiri d'aquests nois va ser l'espurna que va encendre una revolució pacífica i cívica —fins que el règim la va esclafar brutalment—, però també la inspiració de la Diala. En la seva il·lustració, els joves arrestats perden no tan sols les ungles —que la policia va arrencar-los una a una durant violents interrogatoris—, sinó que els infants es desprenen, metafòricament, dels llibres d'escola i d'un futur digne. Durant mesos, la jove activista va signar il·lustracions com aquestes amb el pseudònim d'*Elvis Presley*. Però veient com la gent s'atrevia a plantar cara al Govern amb manifestacions massives, va decidir desprendre's de l'anonimat i firmar amb el seu nom real. Va ser l'única que es va atrevir a fer-ho, de l'estudi que aleshores compartia amb altres col·legues prop de la capital. Molts activistes estaven en xoc, espantats davant la creixent espiral de violència. Ella, en canvi, amb la repressió, creixia. I, en aquest procés, es va implicar en la publicació de diferents magazins. Alguns s'editaven des de fora del país, amb el suport d'exiliats. D'altres es coordinaven en secret mitjançant correus electrònics i es decidia a última hora on era menys perillós imprimir-los. Quan aconseguien esquivar les bombes i la censura, un activista en distribuïa tants exemplars com podia amb la seva motocicleta. A vegades, des d'Alep cap al nord del país. Sovint, de la publicació infantil *Zayton i Zaytonah* ('Noi i noia'). Intentaven que els nens no es deshumanitzessin enmig de l'horror que tot ho tenyia.

«La revolució continua», escriu la Diala sobre el rostre d'una dona que floreix. Ella també estava brotant. Aquell 2011, la desitjada primavera siriana maldava per créixer malgrat els intents del règim d'Al-Assad d'escapçar-la d'arrel. Per ajudar sobre el terreny, la Diala va deixar reposar els pinzells per treballar, sense descans, en la intendència d'hospitals de campanya. L'oposició n'aixecava als voltants de la capital, Damasc, on les tropes governamentals feien estralls. Com altres companys, transportava de manera clandestina material mèdic o recollia diners i donacions. Però cada vegada era més perillós creuar les línies que separaven les zones del Govern de les rebels. Un dia va estar a punt de no poder fer-ho. Potser de no poder fer-ho mai més. Portava medicaments amagats sota el seient del cotxe quan la van aturar en un punt de control. El soldat, mig borratxo, va etzibar-li amb condescendència: «Ets molt guapa... va, passa!» Amb un somriure forçat i tremolant com una fulla, la Diala va reprendre la marxa, conscient de la seva sort, però també que no podia tornar-se-la a jugar. Va entendre que en aquell camp de batalla ja no podia fer res més, que la seva lluita havia de ser una altra. Va explicar la decisió al seu germà, amb qui mantenia una relació molt estreta. Compartien la mateixa tasca d'intendència i el mateix anhel d'una Síria democràtica. Ell va respectar els arguments de la Diala, però no va deixar-se convèncer perquè abandonés el terreny. La seva activitat s'havia anat convertint en una autèntica ruleta russa. Mig avergonyida de sentir-se esporuguida, es va consolar repetint-se una vegada i una altra que les il·lustracions serien ara la seva millor arma. I potser la més efectiva, vistes les circumstàncies. Però sortir cada dia al carrer durant les protestes suposava trepitjar un altra guerra, aquesta més urbana. Hi havia rastres de sang i gent morta escampats per les cantonades. Ella no tan sols havia de veure-ho, sinó fixar-s'hi i retenir-ho mentalment per reproduir-ho després sobre el paper, negre sobre blanc. La ràbia i la frustració començaven a impregnar els seus treballs. En aquesta fase, la seva obra transita de la denúncia política inicial a l'exhibició de carnisseries que el poder volia esborrades.

«Deixa'ns.» Era el crit silenciós que la Diala dirigia contra el règim. Un crit que donaria nom a una sèrie de dibuixos d'infants fent aquesta mateixa súplica a les autoritats. Menuts castigats per una violència i una barbàrie que semblaven no tenir límits ni final. Desenes de petits mutilats pels bombardejos del Govern d'Al-Assad. Davant dels ulls de la «dibuixant de guerra», catifes de dones i infants assassinats entre el gruix de morts —més de mig miler— l'agost del 2012 a la ciutat de Darayya. Una massacre com aquella, no l'havia presenciada mai. Va quedar en estat de xoc. L'estómac se li va tancar, però des de les entranyes més viscerals va obligar-se a mostrar qui hi havia darrere dels suposats terroristes a abatre. Molts d'ells només eren canalla.

«Deixa'm els darrers dies d'infància i deixa'ns!», somica en un dibuix d'una nena a qui la massacre de Darayya li havia arrencat les dues cames. «Deixa'm la mà que em queda i deixa'ns!», es llegeix al costat d'un nen que s'ha quedat sense mitja part del seu cos embenat. Prop d'ells, pintats en tons foscos, sobresurten elements vermells. Un osset de peluix estès a la vora de la petita; un globus sostingut pel noi. Objectes tenyits de sang amb què la Diala vol representar una infantesa i una esperança que acaben d'esvair-se. Aquest era l'estat d'ànim de molts sirians en aquell moment. També el seu.

Gran part de la societat passava de l'eufòria desfermada que els suscitava la possibilitat d'una revolució a la depressió col·lectiva per la crisi humanitària més important després de la Segona Guerra Mundial, segons les Nacions Unides. Per a ella, Síria començava a convertir-se en una sala d'espera. Ja no s'hi podia protestar ni engegar cap iniciativa, només es podia esperar silenciosament que la mort t'atrapés. Intentava ser optimista, però no podia, no en sabia. Ni ella ni els seus dibuixos. I va decidir abandonar la seva posició en aquest front de resistència artística. S'escapava deixant enrere un país on tota crítica o crida a la llibertat d'expressió eren opcions de risc. La Diala ja no se sentia útil.

«Refugiats.» Encabeix en una petita maleta la seva vida a Síria. I viatja fins a Turquia. Des d'aquell 2013, la Diala abordarà el conflicte des del punt de vista d'una refugiada, una més entre els milions que ja havien fet el pas abans. La fugida dalt d'un globus aerostàtic serà un element recurrent en les seves il·lustracions. Li serveix per connectar amb la seva infància, però també permet fer-la volar amb el pensament. Intentava fer bonica l'escapada d'un país devastat, en flames i envoltat de columnes de fum gegants. Un cop aterrada a Istanbul i físicament lluny del conflicte, se servirà dels mitjans de comunicació i les xarxes socials per saber què hi passa i dibuixar-ho. Es converteix en una addicta a les notícies. Facebook i Twitter passen a ser les seves fonts d'informació. Però no li fa servei per calmar tanta angoixa. La distància la fa sentir desconnectada de la seva gent i se li va esquinçant l'ànima, sola i sense xarxa. Quan pensava que no podia estar més baixa de moral, li comuniquen que el seu germà ha mort. Com ja temia que podia passar, va trepitjar una mina mentre repartia material sanitari en zones rebels. Li juren i perjuren que no va patir. Però ella no s'ho pot perdonar. Se sent culpable. I covarda. I desorientada. Sense pàtria, sense casa, sense família. Se sent morir. La reflexió d'un company combatent que havia optat per lluitar des de dins tampoc no l'ajuda. O potser sí, per sacsejar-la d'aquell coma anímic. El milicià rebel li etziba que fa un art molt bonic, des de Turquia. Però que des d'Istanbul els seus dibuixos no canviaran la situació que pateixen els que s'han quedat. «El que fas és una cosa dolça, però inútil», la remata. Però ja no hi podia tornar, a Síria. Encara que ho volgués, per la seva condició de fugitiva la detindrien. Va sentir que la vida l'estirava cap al Líban, un país petit que havia acollit un gran nombre de refugiats. N'hi ha un per cada quatre habitants. Un país veí on vivien molts dels seus, a qui sentia que havia abandonat en escapar. Famílies senceres que no havien pogut, com ella, enlairar-se en un globus imaginari. I que s'havien quedat a terra, trepitjant frontera. Emprenia llavors un nou retorn, vital i artístic. Sabia que només dibuixar podia salvar-la.

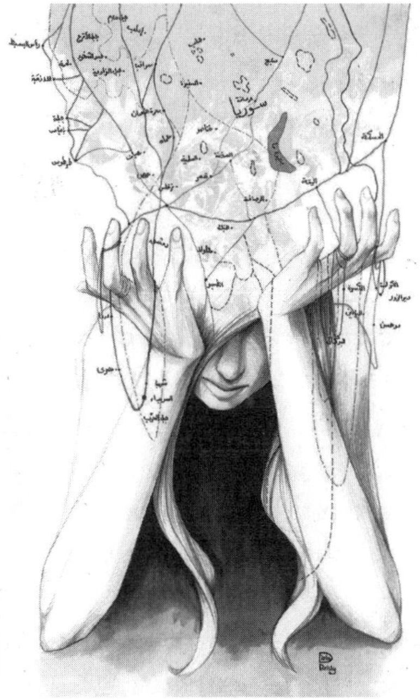


La Diala s'instal·la a la vall de la Bekaa, on malviuen dues terceres parts dels refugiats del Líban. És a tocar de la seva enyorada Síria, però encara en sent el batec massa llunyà. Amb la sèrie *Live Jackets*, armilles salvavides, vol fer entendre al món que la tragèdia comença molt abans del mar i les pasteres. L'enrabia que sovint —guiats pels mitjans de comunicació— només es presti atenció al drama en el moment dels naufragis. El malson i la mort es viuen ja terra endins d'un país que els empeny a tirar-se a l'aigua. Amb armilla o sense. Això els que arriben a la costa. Per això dibuixa famílies equipades amb jaquetes vermelles lluny de l'aigua, enmig del ciment, mentre fugen de les seves cases i ciutats destruïdes. Perquè allà tots necessiten protecció, a tots els calen armilles salvavides.

Però la Diala està esgotada de guerra i necessita imaginar-se la pau, dibuixar-la. L'exili li ha servit per formar-se i comença a impartir artteràpia als més petits. Vol que els refugiats recuperin la seva infantesa, amb els seus llibres, globus i peluixos. I engega uns tallers pensats per intentar esborrar els horrors psicològics patits per la canalla. Sobretot és a través del dibuix que els fa expressar uns sentiments que massa sovint no saben ni poden verbalitzar. Uns tallers que han de servir també perquè els menuts aprenguin que són ells els seus propis herois i que per poder salvar-se hauran de ser forts. Ella intenta aplicar-se el missatge a si mateixa. Sense adonar-se'n, tot el suport emocional que es proposava infondre als nens i nenes li reverteix en benefici propi. Ha assumit que no pot canviar la situació política ni alterar el pas de la guerra, però sí assistir els infants que s'hi han quedat atrapats. Són supervivents i ara els ajuda a combatre la guerra que ja viu dins d'ells.

# Quan escrius llibres de *destrucció massiva*

## JOUMANA: confessions d'una dona àrab... encara enfadada.

LA VIOLÈNCIA INUSUAL AMB QUÈ s'obre la porta de la llibreria posa en evidència que no és pas un lector corrent, qui acaba d'entrar-hi. No és la primera vegada que passa. Acaba d'irrompre la temuda *policia moral,* molt instaurada al Iemen i al món àrab. Aquesta autoritat s'encarrega de supervisar que res no violi l'ordre religiós imperant i, si així ho considera, pot dictar ordres de presó i sancions econòmiques. De manera anònima, algú ha denunciat el llibreter —un referent a la ciutat— per vendre dues obres pecaminoses (*haram,* en àrab). Els uniformats remenen estanteries i caixes de la petita botiga de la capital del Iemen, Sanà. Ho deixen tot de cap per avall fins que localitzen els llibres que ofenen l'islam. I com si haguessin trobat qui sap què, llencen els exemplars a un bidó del carrer i hi calen foc, davant la mirada resignada del llibreter. També aquest cop —aprofitant un descuit dels policies— ha amagat un exemplar prohibit en el calaix d'un armari. Això d'avui només és un nou avís, i ja en van uns quants. Els funcionaris marxen, mentre, al llibreter, el volum sospitós ja li crema a les mans. Encuriosit per saber quin és el motiu de la persecució, abaixa la persiana una estoneta abans. Un cop a casa, lluny de tota amenaça, el devora fins a acabar-lo. A continuació, obre l'ordinador i escriu un correu electrònic dirigit a l'autor. Una dona. El missatge acaba amb aquesta frase: «Tinc dues filles i espero que algun dia, quan siguin més grans, tinguin la possibilitat de llegir-te a casa».

El missatge viatja del Iemen al Líban, al correu de Joumana Haddad. Encara recorda el text en la seva literalitat, un punt emocionada. És un dels millors regals, assegura, que ha rebut arran de la publicació de *I Killed Scheherazade. Confessions of an Angry Arab Woman.* El seu llibre era, sembla, una de les armes de destrucció massiva intel·lectual que tant inquietava el Govern iemenita. L'altre gran perill —li explicava el llibreter en el mateix correu— també era obra seva: *Superman is an Arab*. Saber-ho la neguiteja, perquè no vol posar llibreters com ell en situacions arriscades. Però, a la vegada, l'excita veure que alguns exemplars de les seves obres eludeixen la censura i arriben a les prestatgeries dels temples sagrats de les lletres.

A banda d'escriptora, la Joumana és poeta, periodista, editora, traductora —parla set idiomes— i, per sobre de tot, emfatitza, dona. És aquesta darrera condició, la de dona, la que fa difícil que desenvolupi les altres facetes amb normalitat en el seu Líban natal. Ser escriptora àrab vivint a la regió li ha comportat crítiques extraliteràries, tant de dones occidentals com del Pròxim Orient. Percebo que les primeres no l'ofenen gaire. Les segones li dolen perquè se les sent més properes. «Immoral, depravada, decadent, criminal, deshonrada, sense escrúpols. Mereixes ser lapidada fins a la mort. Preguem perquè et ruixin amb àcid...», són només algunes de les floretes i dedicatòries que li ha comportat abordar temes tabú a la zona. I això que ho fa des d'un país àrab que presumeix de ser el més liberal. La seva cabellera fosca i rinxolada, els ulls i els llavis maquillats, els anells i les ungles pintades també són excusa perquè els seus detractors se sumin al tot s'hi val contra ella. S'entén millor, doncs, perquè el missatge del llibreter iemenita li va resultar tan balsàmic.

Però per què les seves obres han generat crítiques tan aïrades, fins i tot amenaces de mort contra l'escriptora? Vuit anys després del seu primer gran èxit literari, la Joumana continua ben enfadada, com diu el títol del seu llibre. Assegura que la situació actual de la dona àrab és encara pitjor que abans. De fet, em fa un punt de respecte adreçar-m'hi. I és que el seu llibre va néixer, justament, de la pregunta d'una periodista occidental que la va crispar tant que es va desfogar escrivint un contundent manifest feminista. La qüestió que l'encenia era aquesta: «Com pot ser que una dona àrab com vostè hagi acabat publicant un magazín eròtic a l'Orient Mitjà?» La Joumana li va replicar, ofesa, que hi ha moltes dones àrabs alliberades i que si ella no n'estava al corrent el problema era només seu.

El poderós assaig que l'ha consolidada en el món literari desperta passions i odis a parts iguals. Defensa amb vehemència que —com a dona àrab— va on vol i diu el que pensa, no va amb vel ni està oprimida i té una educació i una vida professional envejables. Però la Joumana, de confessió cristiana, de seguida ha de matisar les seves paraules. Al reduït club de lectura on conversem amb ella, una noia libanesa coberta amb un hijab li retreu que no tothom té el privilegi d'escollir com ella, que moltes depenen econòmicament de la família i que les conseqüències socials d'alliberar-se les espanten. La Joumana, amb quaranta-nou anys i dos fills, podria ser la mare d'aquesta jove que la interromp. La tensió es fa evident. L'escriptora retrocedeix amb la postura mentre es col·loca darrere l'orella alguns rínxols rebels que se li han escapat amb tanta passió verbal. Al·lega que també des d'una posició de vulnerabilitat es pot triar fer petits gestos per canviar la realitat i no conformar-se amb el paper de víctima. En primer lloc, continua, cal ser conscient que és necessari i creure que és possible fer-ho. Admet que el clixé estereotipat existeix, però que s'han de visualitzar també casos diferents, com el seu. No acaba de convèncer la noia, que nega amb el cap cobert amb un mocador negre. Potser arran d'aquest intercanvi dialèctic, la Joumana encara expressa més sensacions que incomoden els presents: l'entristeix comprovar, subratlla, com sovint les mateixes dones àrabs són les seves pitjors enemigues. I no ho deixa aquí. Lamenta que moltes visquin en un estat constant d'esquizofrènia entre el que volen i el que fan, prioritzant la lògica de grup per sobre de la individual, esclaves d'inacabables impassos en què mai no s'acaba avançant. En un passatge del llibre fa una metàfora visual que il·lustra la seva frustració: «Ser dona àrab i viure al món àrab és com donar-se cops de cap contra una paret gruixuda de forts preceptes polítics, socials i existencials. Per més que la colpegis res no canvia, excepte el nombre de ferides al teu crani».

Un dels treballs que més mals de cap li ha comportat és *parir*, com diu, el que va ser el primer magazín eròtic del món àrab. Era el 2009 i portava per títol *Jasad*, que vol dir 'cos'. Només se'n van poder publicar vuit números, de periodicitat trimestral. Els governs de molts països el van vetar, mentre que les elits conservadores li feien impossible aconseguir el finançament necessari. La revista naixia de la més absoluta indignació, de la ràbia de veure com la literatura àrab s'empobria perdent la seva rica sensualitat.

La primera vegada que la Joumana es va atrevir a utilitzar la paraula *penis* en un llibre tenia vint-i-cinc anys. Només en tenia deu quan va començar a escriure. Abans va gastar, de tant utilitzar-los, conceptes com *columna, pilar, puntal, aixeta* i tota mena d'eufemismes relacionats amb objectes fàl·lics. Tampoc no volia seguir fent servir *muntanyes, pomes* o *peres* per referir-se als pits de les dones. Ni la *flor del paradís* o el *volcà* per parlar del clítoris. Encara ara li toca insistir que no es tractava d'una revista per fer ejacular els homes, sinó que estava pensada perquè la societat prengués consciència d'uns cossos amagats de manera malaltissa.

La Joumana mira enrere i s'adona que les lectures subversives l'han salvada i l'han convertida en qui és. A través de les lletres s'escapava, ja de ben petita, de la guerra civil libanesa (1975-1990) que patia als carrers de Beirut. Una ciutat polaritzada en una contradicció constant. També en l'àmbit femení, resumeix: «Beirut com a màrtir i com a puta, amb vel i emancipada, ambigua i òbvia, traïdora i lleial, oriental i occidental...» La capital d'un país on les noies han d'arribar verges al matrimoni i no poden viure amb el seu company sense haver-s'hi casat abans; la dona no pot passar la seva nacionalitat als fills; on el col·lectiu LGBT s'ha d'amagar en anomenats *espais segurs* de la ciutat... Limitacions que provoquen situacions surrealistes, com haver de mentir al propietari d'un pis de lloguer i assegurar-li que el noi —ja sigui parella o amic— amb qui convius sense casar-t'hi és un familiar. Però si dubten i consideren que la relació pot ser entesa com a pecat, consultaran el líder religiós de la comunitat i aquest decidirà si et rescindeixen el contracte i et fan fora de l'edifici.

Aquest conservadorisme de portes endins traspua cap enfora. La Joumana posa exemples del món del cinema, ara més destensada i riallera: en les traduccions a l'àrab de pel·lícules occidentals com *Pretty Woman*, Julia Roberts i Richard Gere no fan l'amor, sinó que passen la nit junts. Brad Pitt no veu l'Angelina Jolie despullada, sinó que la veu al natural.

Ella mateixa ha viscut la censura en pròpia pell en l'àmbit del teatre. Com a dramaturga, és autora d'una de les obres feministes més trencadores estrenades a Beirut. I a l'Orient Mitjà, segurament. El títol és provocador com ella: *Kaffas*, 'vagina'.

Sobre l'escenari: dones àrabs, algunes de musulmanes, verbalitzant les seves frustracions emocionals mentre estan obertes de cames a la consulta d'un ginecòleg; noies masturbant-se en ple descobriment del seu propi cos com a font de plaer. Aquesta escena, del tot novedosa aquí al Líban es convertia, certament, en arriscada. N'érem testimonis a la capital, al mític Teatre Metro Madina. Es tracta d'un tuguri amb aires de cabaret mig amagat en un soterrani del barri àrab de Hamra, allunyat de circuits comercials. En un altre indret de la ciutat no hauria estat possible escenificar-la. Tampoc en els països del voltant.

A estones, entre gemecs i confidències, el públic que era a la sala es removia a les cadires d'incomoditat. Tothom sabia, més o menys, què anava a veure, però tampoc això no evitava que hi hagués algunes cares visiblement desencaixades. Dones àrabs, moltes musulmanes, algunes amb vel, però totes menys espantades que els homes assistents. La directora de l'obra, la reconeguda Lina Abyad, confessava que havia fet una adaptació bastant més suau del text original de la Joumana. Sort d'això, pensava jo veient les reaccions. Com a protagonistes, cinc dones àrabs que havien tractat la seva sexualitat de manera diferent, però les unes i les altres eren jutjades i insultades per la societat. A la prostituta se li retreia haver-se venut; a la que portava vel se l'acusava d'amagar-se; a la lesbiana, de viciosa; a la que optava per ser soltera a una edat en què calia estar casada, de tarada; la noia amb uns quilos de més no era mereixedora de tenir sexe. «L'obra gira al voltant de què fan aquestes dones amb la seva vagina i què vol la gent que en facin. En una societat patriarcal com la nostra, les dones s'han de casar amb un home i tenir fills. No s'espera res més d'elles.»

Acabada la funció, asseguda a l'escala que connecta el pati de butaques amb l'escenari, parlem amb Dima al-Ansari. La jove encarnava el paper de la dona amb el nicab. A punt d'arribar a la trentena, admetia que veure una dona despullar-se, tant físicament com sobretot emocionalment, era innovador per al públic i tot un repte com a actriu àrab. «Veure com una dona es treu el vel, com experimenta un alliberament sexual catàrtic del seu cos, d'ella mateixa... i després presenciar com es torna a posar el mocador i es cobreix la cara és una acció que no havíem vist abans.» Una innovació representada davant dones amb vel que eren directament interpel·lades i que sortien de la sala xiuxiuejant enmig d'una commoció general.

El club de lectura es reprèn, després d'una petita pausa. Escoltant algunes veus espanyoles a la sala, la Joumana —que parla castellà— recorda un altre moment que la va marcar i que, casualment, vaig presenciar fa una dècada. El va protagonitzar l'aleshores ministra de Defensa, Carme Chacón. El 2008, un grup de periodistes de Madrid viatjàvem amb ella al Líban, on som ara. Vam acompanyar-la a la base miliar de Marjayoun, on hi ha presència de tropes espanyoles. La ministra passava revista embarassada, embarassadíssima. Per a la Joumana, estàvem davant de la imatge que millor descriu la fortalesa de la feminitat i el feminisme quan treballen juntes per una mateixa causa. La constatació que no s'ha de renunciar a ser mare per por de perdre cap posició, que desfeminitzar-nos ens debilita i que fer-ho és una rendició al xantatge de la societat. Per això se sorprèn quan li explico que a l'Estat espanyol la instantània de l'exministra va suscitar algunes crítiques, sobretot pel fet d'exposar-se prenyada. Alguns mitjans, sobretot conservadors, acusaven el Govern de Zapatero d'explotar interessadament aquesta faceta. «Com si hagués d'amagar-se'n!», s'indigna. Chacón va protagonitzar unes fotografies inusuals que van donar la volta al món: ministra, de Defensa, dona i embarassada. Va ser portada a la premsa catalana, espanyola i internacional. «Amb dos talons», titulaven algunes articulistes.

Però, de la mateixa manera, la Joumana també insisteix que no totes les polítiques són feministes pel sol fet de tenir vagina. Ser dona no garanteix vetllar pels interessos del teu col·lectiu. Ni defensar-los tampoc no suposa guanyar-te el suport del públic femení. Ho diu visiblement ressentida després de viure-ho en primera persona. De sempre, ella havia fet política des de l'activisme, però en les últimes eleccions parlamentàries al Líban va decidir presentar-s'hi com a diputada. Formava part d'una plataforma civil i va quedar-se a molts pocs vots d'ocupar un escó. Tan pocs, que va fer una apel·lació al Tribunal Constitucional perquè es fes un recompte de vots que mai no es va dur a terme. Se sent impotent, reconeix, encara tocada. No tant perquè no assolís els objectius que s'havia proposat acomplir personalment, sinó perquè en aquests comicis s'hi presentaven un nombre rècord de dones: cent dotze candidates, un centenar més que deu anys enrere. Però, al final, només en van entrar dues més. Sis diputades davant 122 diputats. «Quin gran trencament», ironitza dolguda la Joumana sobre un país amb les taxes més baixes al món pel que fa al nombre de dones al Parlament.

Paula Yacoubian sí que va aconseguir un escó. És una de les cares més mediàtiques del país i, finalment, una de les sis escollides. Va deixar de treballar en un canal de televisió pròxim al Govern per passar-se a la política, des d'on no s'ha estat de criticar el president Michel Aoun: «Com pot justificar no tenir dones a la seva llista? Ell té tres filles! Per què no pot considerar, com a representant de tots els libanesos, que a la cambra també s'hi ha de traslladar la igualtat entre l'home i la dona?» Sabent-se diana habitual de crítiques per ser dona, atractiva i popular, la Paula defensa que les dones són alguna cosa més que cares boniques amb què atraure els votants. I amenaçava sorneguera: «Podem tenir una bona aparença i ser intel·ligents al mateix temps. Així que les *barbies* del Líban tenim cervell i estem preparades per utilitzar-lo.» Però el sistema que regeix el Líban no les ajuda. Basada en el repartiment del poder en funció de la confessió religiosa, la legislació atorga gairebé la meitat dels diputats a la comunitat cristiana i l'altra a la musulmana. És aquesta estructura sectària la que expulsa les dones de la política. Per això, la Joumana, atea i defensora a ultrança de la secularitat, només entén un feminisme laic. El feminisme és laic o no és feminisme, sentencia.

Joumana Haddad no sembla convèncer la poca audiència local del club de lectura. Només cinc de la vintena de dones reunides són libaneses. La resta som occidentals. I això que per a l'escriptora «el canvi no és una matèria que es pugui importar», en el sentit que la revolució no pot venir de fora, sinó de dins. Rebutja energèticament la percepció que, assegura, tenim d'elles com a col·lectiu: pobres, tapades, condemnades a obeir els homes, sense controlar el seu destí ni pensar per si soles. Davant les cares de desacord generalitzat, admet que potser aquesta visió està canviant cap a millor. «O a pitjor», afegeix irònica. Tan submisa acaba sent la que vesteix el vel per tapar-se com qui no en porta i té per únic objectiu exhibir-se. En això, Beirut, lamenta, també és bipolar.

La capital libanesa s'ha convertit, de fet, en la Meca per als amants de la cirurgia estètica. S'hi fan un milió i mig d'operacions anuals i vuit de cada deu pacients són dones. Hi peregrinen clientes procedents d'arreu del món, sobretot del Pròxim Orient. La majoria de l'Aràbia Saudita, Kuwait i Jordània. Aquest perfil de pacients reclamen sobretot retocar-se el nas, la coneguda com *rinoplàstia*. «En el món àrab, moltes dones porten vel. Es tapen tot el cos a excepció de la cara. Per això cadascuna mira de tenir el rostre més perfecte», justifica el doctor Nader Saab, el cirurgià de referència a la regió i conegut com *el Déu del Bisturí*. Els proporciona professionalitat —molts doctors libanesos es van consolidar durant la guerra civil—; un preu competitiu —amb tarifes que poden suposar la meitat del que costa la mateixa operació a Europa—; luxe —habitacions que són suites, amb les millors vistes al mar i equipades, fins i tot, amb alcorans electrònics per als més religiosos—; habitacions d'hotels de 5 estrelles al costat de la clínica per acollir els familiars, a qui es gestiona el viatge; recollida a l'aeroport i un *tour* pel país mentre operen el client. Però, sobretot, Nader Saab es cuida de la discreció: molts no volen que se sàpiga, que s'han operat, i amb l'excusa que marxen de vacances es retoquen i tornen al seu país del tot recuperats. Per garantir una absoluta confidencialitat se'ls ofereixen, fins i tot, portes secretes per accedir als centres mèdics.

En canvi, no els cal tanta discreció, a moltes libaneses. Una de cada quatre ha passat pel quiròfan. Però, per a la majoria, l'operació estètica és sinònim d'èxit, poder i ambició. I n'exhibeixen, orgulloses, el procés i les marques. Dels llavis de la Jolie als de la Haifa, demanen als doctors presumint de referents àrabs. El mateix Govern conservador promociona la cirurgia com a atractiu turístic del país. També molts bancs —van ser els primers al món a especialitzar-s'hi— ofereixen préstecs amb aquesta finalitat. Per a la societat libanesa, cuidar l'aspecte físic s'ha vist sempre com un signe de distinció. I la cirurgia, una manera de mantenir aquesta bellesa. «Una altra forma d'esclavatge», remuga una de les noies a la sala. I s'obre altre cop el debat. Algunes defensen que la cirurgia suposa un pas més en l'alliberament de la dona àrab; d'altres critiquen que es converteixen en víctimes de la dictadura estètica, com si no patissin prou cadenes. I no per acontentar-se a elles mateixes, sinó per satisfer també els gustos dels homes. De fet, moltes pacients entren a la clínica darrere de la seva parella. I és ell qui es dirigeix a les recepcionistes i al metge per indicar els canvis que vol en la seva dona. El debat s'intensifica.

Però la Joumana, sempre expeditiva, talla d'arrel l'intercanvi d'opinions i tanca la sessió. Decideix fer-ho amb una invitació estimulant: ens convida a matar un personatge. Literàriament, és clar!!! Fem una segona lectura d'un dels clàssics de la literatura àrab: *Les mil i una nits*. Aposta per deixar d'idealitzar Sheherazade, la jove que va esquivar la mort explicant cada nit contes al sultà que la tenia segrestada. Per contra, insta a fixar-nos en heroïnes que sobreviuen sense acabar cedint als desitjos masculins. Un discurs d'empoderament de les dones que molts governs no volen a les llibreries. Ni al Iemen ni en molts altres països. Són llibres de *destrucció massiva*. Sobretot de destrucció del masclisme.

# Quan envelleixes demanant almoina per alimentar els teus

## Samar: del *The New York Times* a l'asfalt de Beirut

En blanc i negre.
De fons, un Beirut gris i desdibuixat en plena guerra civil. S'hi veuen cotxes abandonats i bidons rebentats en el que havia estat un dels carrers principals d'un barri de la capital libanesa. En primer pla i de cara: una dona, passada la trentena, camina decidida amb l'ajuda d'unes crosses. Li falta una cama. Al costat, avança com pot la seva filla, que no arriba als cinc anys. També porta un parell de crosses. La mare desafia l'objectiu d'una càmera fotogràfica que intueix llunyana. Em mira fixament. La nena té la vista clavada a terra, concentrada a no

perdre l'equilibri i caure en una superfície terrosa amb l'asfalt fet miques. La noia llueix mitja cabellera i una faldilla fosca que deixa al descobert la part de sota el genoll. Contrasta amb el blanc de la camisa entallada i arremangada a l'altura dels colzes. També amb el negre i l'estil d'altres dones que té darrere, amb vel i tapades de dalt a baix. La petita, que tot just li arriba a la cintura, és una rèplica de la mare.

En part, dec a aquesta fotografia la projecció que ha tingut la meva carrera. Era el 2 de juny del 1985, però recordo aquest instant a la perfecció. Tot just m'iniciava com a corresponsal de guerra i el meu nom, Maher Attar, aviat es començaria a conèixer.

* * *

Ja no en queda res, d'això. Han passat trenta-tres anys. Ni jo soc la Samar de la foto, ni la Nasrine és la nena que s'hi veu. La meva filla i jo vam sortir a la portada del *The New York Times*! Mentre jo baixava als inferns, el fotògraf ascendia al paradís. Si veig la foto, penso en el Beirut d'aleshores. No ho sé, si el trobo a faltar. Llavors estàvem en guerra i ara n'hem de sobreviure una altra. En Maher era molt jove, sí, molt jove. Diuen que la foto representa un Beirut que ja no hi és, un símbol que es va fer famós. Una ciutat que potser sí que enyoro, per la dona que era aleshores.

* * *

Era el 31 de març del 2018. Me'n recordaré tota la vida: el dia que el passat em venia a trobar per passar comptes, a recordarme que tenia un deute pendent amb algú que gairebé havia oblidat. Caminava en direcció al gimnàs, al barri de Verdane, on feia poc que m'havia instal·lat després de viure i treballar com a fotògraf a París els últims quinze anys. Era un dissabte qualsevol i resseguia la vorera desigual i plena d'entrebancs tan típica d'aquesta ciutat. Beirut no està feta per passejar. Va ser just allà, en aquell raconet entre una tanca i la renglera de cotxes aparcats, sota una arbre que protegia del sol els vianants, on la vaig veure. O, almenys, em va semblar veure-la. La possibilitat que la dona ferma i empoderada que m'havia fet popular feia més de trenta anys fos la mateixa que estava asseguda a la seva cadira de rodes demanant caritat em semblava tan remota com xocant. No vaig voler ni aturar-me per assegurar-me'n. Sense mirar-la als ulls, col·lapsat, pensant que podia ser ella i avergonyit que em pogués reconèixer, vaig accelerar el pas. Vaig arribar al gimnàs suat i amb el cor desbocat. Els nervis, la curiositat, però sobretot la mala consciència, m'empenyien a sortir esperitat cap a ella. Així que minuts després em vaig plantar davant d'una persona de qui només en reconeixia la mirada. Tota la resta havia canviat. Havia de comprovar si era la meva Samar.

* * *

També aquell matí un dels meus fills m'havia deixat amb la cadira de rodes a la cantonada de sempre de Verdane. El barri és ric, hi ha botigues, hi ha calés, sempre em cau alguna cosa. Al vespre vindrien a recollir-me per tornar a casa. Mengem del que guanyo. Vivim als suburbis de Sabra i Xatila. Ni el Govern ni cap ONG no ens ajuden, només la gent del carrer. Doncs, al matí d'aquell dia, vaig sentir alguna cosa més que el sorollet de les monedes que em llancen al cartró: De cop, una veu gruixuda em pregunta: «Samar? Què hi fas, aquí? Saps qui soc?» Vaig mirar cap amunt. Era un home alt, prim, amb ulleres, amb barba. No sabia qui era ni què volia. Aleshores, la veu greu es va tornar amable i va dir-me: «Et donaré una pista, Samar... Somriu!» Llavors hi vaig caure i vaig dir: «Maher? Ets tu?» No va dir res. Es va agenollar, em va abraçar i ens vam posar a plorar com nens petits. Després de la fotografia me'n vaig mig oblidar, d'en Maher. De fet, després de la fotografia —robada, en diuen, perquè jo no sabia que me la feia—, vaig continuar buscant menjar entre el foc i les runes. El meu marit havia mort i jo havia d'alimentar quatre fills. Estaven afamats, sap? M'acompanyava la petita mentre els altres tres estaven tancats a casa. Sortir era perillós. Una bomba et podia arrencar una cama, com a mi, o arrencar-te tota la família. El dia de la fotografia intentàvem fer via per arreplegar ràpid menjar i aigua. Aprofitàvem una treva estranya entre les faccions palestines i les milícies xiïtes abans no comencessin a matar-se un altre cop els uns als altres.

* * *

Quan li vaig dir: «Samar, et donaré una pista... somriu!», els ulls se li van negar de llàgrimes. De seguida em va respondre: «Maher, ets tu?» Jo havia canviat físicament, és clar, trenta-tres anys no passen en va, però no tant com ella. Tret de la mirada, allà arraconada hi veia una altra dona. Ara tenia les dues cames amputades. La segona li van haver de tallar per salvar, amb el cartílag, l'extremitat de la filla. Tenia el rostre recremat pel sol, ple de plecs de pell morena cisellats per unes arrugues profundes. Una cara viscuda que ara, a diferència del 1985, era gairebé l'única part del cos que ensenyava. Anava amb vel i amb una túnica llarga per tapar-li els monyons. Sembla que al Líban, amb el pas dels anys, han fet marxa enrere en certs aspectes. Aquella societat plural i sense complexos, amb una estètica moderna i variada, ha retrocedit, s'ha tornat conservadora. El seu vestit n'era un exemple. Res a veure amb la Samar que, aquell dia, a Sabra i Xatila, va venir a rescatar-me. Jo acabava de fotografiar-la, però la seva mirada fixa a càmera no buscava pas l'objectiu, com sembla quan observes amb detall la imatge. Ella estava intentant desxifrar què estava passant uns metres més endavant, on uns milicians pegaven a un home dins d'un cotxe aparcat. Aquell home era jo. Els soldats no volien fotògrafs per allà, i, abans de marxar, em van llançar la càmera a terra. Espantat i sense saber fins on eren capaços d'arribar, vaig quedar-me tancat dins el vehicle. Va ser llavors que va arribar fins al cotxe la Samar, va atansar-se per recollir la meva Nikon, em va mirar en silenci i me la va tornar. En aquell moment, no imaginava ni l'impacte ni les conseqüències de la foto que acabava de capturar. Feia només uns mesos que m'havien assignat una plaça de fotògraf a l'agència France Press al Líban. La portada amb la Samar al *The New York Times* m'ajudaria que després m'enviessin a cobrir la guerra entre l'Iran i l'Iraq, el conflicte del Golf, l'Afganistan... Deu anys més tard em van traslladar a París, on poc després vaig crear la meva pròpia agència. La meva carrera, en part, havia estat propulsada per aquella fotografia, no hi havia cap dubte. No tinc cap obligació vers ella, ho sé. Però m'hi lliga un deute moral, la necessitat de vetllar perquè pugui sobreviure sense que li robin el que mai no li han pogut prendre: aquella fortalesa, la dignitat en la seva mirada. Per això he tornat a publicar la seva fotografia, amb la idea de vendre-la i recaptar diners que puguin ajudar-la. Potser la història d'aquesta mare que enmig d'una guerra, vídua i mutilada, sortia a buscar menjar per als seus fills i que ara —en temps de pau i ja convertida en àvia— demana almoina al carrer per mantenir els seus ens remou a tots la consciència. Hi ha centenars de Samars al Líban, en soc conscient. Però ella és la meva. Per a mi és la *tieta*, com li dic amb total admiració i respecte.

* * *

A en Maher li diem *germà*. Ha estat un regal de la vida. Recordo perfectament on va fer-me la fotografia. Ara, la veiem plegats. Ploro i ric. Em sento desgraciada i afortunada a la vegada. És un record de qui vaig ser i que ja no soc, d'un Beirut i un Líban que van ser i que ja no són. El record d'una guerra que va durar quinze anys, aviat és dit. No ens hem curat de la guerra: l'hem sobreviscuda, sí, però no ens n'hem refet. Dos-cents mil morts, eh? Dos-cents mil. I setanta mil desapareguts. Aviat és dit. Setanta mil *oblidats*. En Maher ara és el meu àngel. El necessitava i va arribar, així és. Ens ajuda amb el que pot, i ens estima.

Ell va fer la foto de qui vaig ser, sap?, de la dona amb ganes de viure que continua ben viva! Ni la guerra, ni les malalties, ni la pobresa no han aconseguit esborrar-me, vet aquí. Aquesta fotografia n'és testimoni!

* * *

Jo li he regalat una imatge i ella a mi una banda sonora. A mesura que la Samar s'apropava al meu cotxe aquell calorós dia de juny del 1985, una cançó trencava el silenci inquietant de la treva. La Samar duia un petit transistor de ràdio penjat a la cintura. No vaig saber identificar qui cantava ni tampoc la cançó que sonava, però la Samar la té ben gravada a la memòria: era l'algeriana Warda, cantant *They Ask Me*. Ara és la nostra cançó. La taral·legem i ens emocionem junts recordant aquell dia de fa més de trenta anys. Curiosament, la lletra diu molt de nosaltres: «La teva proximitat em dona seguretat... La teva compassió m'omple de tendresa... La teva calidesa em manté en calma... La teva trobada em fa humà després de perdre'm...» De fet, la famosa Warda va viure a Sabra i Xatila durant una bona part de la guerra. Com la Samar. És graciós imaginar que totes dues van compartir espai i qui sap si algun cop es van arribar a creuar.

La ràdio m'aïllava de tot. Dels trets, dels crits, de les explosions. Normalment hi escoltava música, però també les notícies del que estava passant. Quan miro la fotografia, encara ressona la veu forta i bonica de la Warda. Penso en la guerra cada cop que passo amb la meva cadira de rodes per davant de l'edifici Beit Beirut, al barri de Sodeco. Durant quinze anys, la seva cantonada va ser un dels punts més fotuts de la línia verda. Est i oest, cristians i musulmans, vida i mort. Ho dividia tot, el Beit Beirut. Qui controlava l'edifici controlava tota la ciutat, així de clar. Però, abans que comencés la guerra, al Beit Beirut hi vivien famílies com la meva. Uns àrabs, els altres cristians, era igual, la gent vivia tranquil·la. Després ens matàvem els uns als altres. La sang ens va pervertir a tots, la sang ho va pervertir tot, també el Beit Beirut. Un edifici dissenyat a consciència perquè des de cada habitació poguessis veure la ciutat, va passar a ser un niu de franctiradors. Ara l'han reconvertit en un museu de la memòria. Em sembla molt bé. Des del carrer, a través d'uns grans vitralls, pots veure-hi fotografies gegants en blanc i negre de persones com jo, persones amb vides congelades com la meva. Aquesta gent també van tenir el seu àngel, el meu Maher, una arquitecta i activista que es diu Mona Hallak. Ella es va entossudir a protegir el Beit Beirut de ser arrasat per les excavadores, com estava passant amb tot el centre de la ciutat. Per a mi, aquestes fotografies no tan sols representen el meu Líban, el que ja no hi és, sinó la seva ànima, que es va perdre en la guerra, i que enyoro i enyoro fins que em salten les llàgrimes. Ja no em sento part d'aquest temps que em toca viure.

* * *

Com a fotògraf, la troballa de la Mona a l'edifici de Beit Beirut em sembla màgica. Conforma la memòria col·lectiva d'aquesta ciutat. Un cop va poder salvar l'antic palau de la família Barakat, al seu barri natal, aquesta jove libanesa va remenar-ne tots els racons i raconets. Entre la runa dels baixos, colgat de pedra i pols, va trobar-hi un vell bagul. En obrir-lo, va aparèixer un tresor en forma de vuit mil negatius. I és que abans que comencés la guerra i que aquell espai es transformés en un niu de franctiradors, allà s'hi retratava la vida. Durant anys va ser la cantonada de l'estudi Mario's Photo. Del propietari no se n'ha sabut mai més res, però sí del seu preciós llegat: un bagul ple de mapes humans, no pas físics o geogràfics. Un bagul ple d'històries de l'ànima, de temps encapsulat pendent que algú el rescatés. Milers de fotografies individuals per a passaports o carnets d'identitat, estampes familiars, batejos, casaments, aniversaris... Però el que més sorprèn són les instantànies de dones soles, modernes, maquillades, amb estètiques trencadores, vestits extremats i pentinats experimentals... fins i tot persones negres que vivien i es fotografiaven sense problemes entre un veïnat que avui les margina.

La societat d'abans de la guerra civil era una societat més avançada i amb menys prejudicis que la d'ara. La Samar que vaig fotografiar pertanyia a aquesta societat. La dona que és ara —com el país després de la guerra— ha anat perdent la identitat.

* * *

Quan en Maher i jo mirem la nostra fotografia, revivim aquell instant i tot el que l'envoltava. El mateix que els ha passat a les dues dones que passejaven davant del Beit Beirut i s'han reconegut en una de les fotografies exposades. Jo estava asseguda a la cantonada del museu i aquelles senyores han començat a assenyalar un panell amb una de les fotos ampliades. S'han ben emocionat. I amb raó! Eren elles, de petites, al costat d'un germà, en plena festa familiar. Era abans de la guerra civil i, pel que deien, el germà devia haver mort. Però, en aquell moment, aquella família ha renascut. I jo amb elles veient-ho. Per uns instants, revivien una època millor. El passat s'imposava per un instant al present.

En blanc i negre.

## Bushra: refugiada i refugi

—Àvia! —la desafia el net gran, morrut i amb mala cara després de tenir-se-les una altra vegada.

—Àààvia! —es queixen els adolescents que li van al darrere, fent-la culpable de tots els mals d'una edat tan reconsagrada.

—Àààvia! —bramen uns nens que es barallen sense fi.

—Àààvia! —sembla que somiquin els nadons, que encara no articulen cap paraula.

A la Bushra, la vida no li dona treva. Ni abans ni ara, que ja ronda els noranta anys. Gairebé nou dècades a sobre i nou nets al seu càrrec. Els més menuts, nadons de bolquers; els més grans, homenots que no poden independitzar-se. Cap dels seus fills no pot ocupar-se'n, de tota aquesta canalla. Alguns han mort, d'altres estan malalts o no tenen els mitjans ni la força per pujar-los sols. La Bushra no ha pogut decidir, s'ho ha trobat. Quan ja havia criat els seus, li toca tornar a fer de mare d'un exèrcit de jovenalla. Tota sola. Confia, tanmateix, que aquesta guerra també podrà guanyar-la. N'ha superat d'altres. *Alhamdulillah*, 'Lloat sigui Déu', xiuxiueja constantment en una pregària que la calma.

Tapada amb un mocador de quadres, només li queden al descobert uns serrells de cabells blancs, la pell pàl·lida i arrugada del rostre i uns ulls grisos cada cop més cansats.

La primera batalla la va lliurar amb la seva família fugint de la Palestina ocupada arran del conflicte araboisraelià del 1948.

La Bushra tenia només deu anys. Com tants d'altres, van acabar exiliats al Líban. Concretament, a un camp de refugiats de només tres quilòmetres quadrats dins de Beirut i dissenyat per acollir, inicialment, tres mil persones. Gairebé quaranta anys més tard, i en només quaranta-vuit hores, gairebé tres mil persones van ser assassinades en aquell camp: la matança de Sabra i Xatila, perpetrada per les forces falangistes libaneses en coordinació amb les Forces de Defensa d'Israel.

Potser és per aquest segle d'història que carrega a la memòria i a les espatlles, que té un caràcter tan eixut i una constitució tan robusta. La Bushra és l'única persona que pot intentar posar ordre en aquesta família nombrosa sobrevinguda.

Viuen tots en un pis petit, fosc i humit. El bloc està brut, a mig fer i té unes escales impossibles. L'edifici fa pudor, no té ventilació i uns tendals hi voleien estripats. Quasi calcat, aquest conglomerat de ciment es repeteix en un camp de refugiats malalt, que creix de manera vertical per falta d'espai sota un cablejat elèctric mortal que tapa la mica de cel blau. A terra, carrers sense asfaltar, entollats i en molts racons coberts de brossa. Piles de bosses que es descomponen enmig d'una fortor que fa venir basques. Al mercat, molts animals no han conegut altre menjar i esprimatxats com estan hi pasturen de bona gana mentre esperen ser venuts a les tendes del costat.

El 1982 eren milers de cossos palestins executats, torturats i violats, els que s'amuntegaven pels racons putrefactes del camp. Llavors el silenci va imposar-se durant dies; ara és el soroll el que tot ho embolcalla. Sobresurten veus masculines enllaunades que repeteixen ofertes pels megàfons en una cantarella hipnòtica. La Bushra les sent des de casa i rumia com podrà parar taula per a deu amb les poques lliures libaneses que té fetes un manyoc a la butxaca. Ah, no! De cop, recorda que avui són tres més a dinar. Seran tretze. *Alhamdulillah*, exclama.

Ser refugiat és dur. Ser refugiat palestí al Líban, ho és encara més. Però ser refugiat palestí en aquest país i, a més, dona, et situa davant d'una realitat miserable. Pel sol fet de tenir aquest origen, els nouvinguts tenen prohibit treballar en una setantena de professions. Per això, la majoria de joves estan a l'atur. No poden comprar cap casa ni tampoc altres propietats. Tampoc no poden sortir i entrar lliurement del camp, on també està controlat l'accés de mercaderies necessàries per a la vida quotidiana. Condemnats a ser refugiats a perpetuïtat, tirar endavant depèn de l'esperit lluitador de cada individu. A la Bushra no n'hi falta, al contrari. Li sobra generositat, fins i tot en un lloc on va tan buscada. Ni les nou boques que ha d'alimentar l'han feta dubtar a l'hora d'acollir una jove i els seus dos fills quan tothom els rebutjava. Al camp, deien a la recent arribada: «Què hi fas tu, aquí? No tenim res ni per a nosaltres, com vols que t'ajudem?» Però l'àvia només veia en la noia una víctima d'una altra guerra que sens dubte calia ajudar. Per això avui seran més a casa.

La Ranna és refugiada per partida doble. Com la Bushra, la seva família va fugir de l'ofensiva sionista del 1948 sobre Palestina. Però ho va fer cap a Síria i ara, vídua i amb dos fills petits, s'ha vist obligada a escapar altra vegada. Aquest cop ho ha fet de la guerra siriana i del camp de Yarmouk, per instal·lar-se en un altre racó de món oblidat, el camp de Sabra. L'aterratge al Líban no ha estat fàcil. Els altres refugiats, atiats per la gana i la necessitat, li retreien que ja no era palestina i que, com a siriana, no podien assistir-la. La veien com la competència, a l'hora de repartir-se el petit pastís de l'ajuda humanitària. Però la Bushra li ha demostrat que encara hi ha humanitat, i juntes han començat a teixir una relació d'estima molt especial. Dues generacions unides per la solidaritat femenina a l'exili.

Vestida amb jersei i malles de colors llampants, la menuda Ranna sembla una adolescent, però té trenta-cinc anys. El mocador negre que la cobreix li endureix encara més el rostre angulós i la mirada feréstega. Perdre el marit i criar sola dos fills a la veïna Síria, en un camp de refugiats on va veure-hi manar Estat Islàmic, l'ha convertida en una dona bregada. D'alguna manera, la Bushra s'identifica amb la seva lluita vital i amb una personalitat forjada a cop de superar obstacles. Segurament per això l'ha convertida en la filla que ja no té i que tant enyora, per qui els ulls inexpressius se li entelen i el seu gest distant es fa tendre. Es cuiden l'una a l'altra amb un vincle més fort que el lligam de sang. Es despullen de les seves cuirasses. Es fan millors, recuperen qui van ser. Han fet sort trobant-se, pensen sense dir-s'ho però mirant-se, acariciant-se i acompanyant-se en un llenguatge que no necessita paraules. Ara, mentre preparen el dinar plegades. *Alhamdulillah*, sospira la Bushra.

L'entorn no els fa la vida, a aquestes dues dones. Al contrari. El medi és hostil especialment per a les nenes. La Ranna ho sap bé. Amb l'ajuda de la Bushra, ha trobat una feina de treballadora social al camp, on les iniciatives per protegir les diferents generacions de dones intenten créixer malgrat els impediments culturals. De vegades, amb èxit.

L'Afaf n'és un exemple. Té catorze anys i, com la Ranna, la seva família va ser expulsada primer de Palestina i fa ben poc de Síria. La seva rutina a Sabra i Xatila, d'on no sortia gairebé mai, era alienant i depressiva. Quan acabava l'escola sempre estava trista. Es passava les hores al sofà avorrida i mig adormida, o bé enganxada al mòbil, espiant per les xarxes socials com era el món més enllà del camp.

Però el bàsquet li ha canviat la vida.

Amb altres refugiades en la mateixa situació de vulnerabilitat formaven el que va ser el primer equip femení dels camps. Per a ella és una vàlvula d'escapament i l'excusa que la trasllada —físicament i mentalment— fora d'un món que l'ofegava. Però també l'ha convertida en una transgressora. Encara no n'és del tot conscient, però per a una part de la societat que l'observa el seu és un gest desafiant i provocador. Dos cops per setmana i després de classe, camina durant poc menys de mitja hora a través dels carrerons laberíntics del camp. En aquest trajecte es creua amb veïns, sobretot homes, que veuen en ella una nena que hauria de quedar-se a casa, ajudant la mare a tirar endavant i pensant a casar-se aviat. Els incomoda veure-la vestida amb xandall, al costat del seu entrenador i a punt de practicar una activitat que tenen ben interioritzat que no és cosa de dones.

El naixement del seu equip, pel fet de ser íntegrament femení, ha estat de tot menys senzill. Curiosament, qui ha fet possible el que per a molts era impossible ha estat un home, un jove refugiat palestí preocupat pel futur de les seves filles, que veia pansir-se en plena joventut per falta d'aire i d'inquietuds. El pare va convèncer diferents famílies del poder de l'esport. Només li va fer falta un entrenament perquè totes les noies tornessin a casa reviscolades i dient que volien continuar amb el repte. Així que els pares i mares, en principi reticents, van intentar aïllar-se dels prejudicis socials que els pressionaven i van decidir confiar en el projecte. L'objectiu era introduir les noies en l'esport, però també empoderar-les i allunyar-les del matrimoni infantil, del món de les drogues i de l'abandonament escolar. Quan van començar no sumaven prou jugadores ni per fer un equip, però ara ja en són una quarantena. Abans, moltes somiaven a trobar un bon marit i ser mares, però ara ja prioritzen seguir estudiant. I això s'evidencia al camp, on alguns dies només n'entrenen la meitat. És estrany veient-les tan motivades. Però de seguida s'entén: són dies d'exàmens finals i totes saben que suspendre suposa doble falta i, mai més ben dit, expulsió. És l'única condició que els posa l'entrenador: només si aproven podran formar part d'aquest equip que abans d'entrar a pista ja és guanyador.

Però aquesta realitat és, malauradament, minoritària. I la Ranna, esgotada per la duresa del Líban i patint pel futur de la seva petita, enyora tornar a Síria... la d'abans de la guerra. «Ni parlar-ne, de marxar», li etziba la Bushra intuint-li el pensament mentre cuinen i es fan confidències. «Aquí, els teus fills almenys van a escola», intenta convèncer-la. *Alhamdulillah.*

A Síria, la Tasnin també hi va, a classe. Té tretze anys, com la filla de la Ranna. Però les seves assignatures són ben diferents i evidencien, com pensa la Bushra, que encara és aviat per pensar a tornar. A més d'àrab, anglès o matemàtiques, li ensenyen a detectar mines i a esquivar-les. A la pissarra no hi ha lletres ni números, sinó un pòster amb fotografies enganxades. Imatges de llaunes de refrescos, carteres, mòbils, peluixos o joguines. Coses que la canalla corre a agafar si les veu al carrer tirades o mig amagades. Els gihadistes, que ho saben, les omplen d'artefactes perquè els explotin a la cara només tocar-les. Encara ara, en moltes zones del país, cada setmana diversos nens queden mutilats i alguns moren víctimes d'aquestes trampes inhumanes. El professor de llengua s'ha reconvertit en expert en explosius per ensenyar als menuts a identificar-los i a saber llegir les senyalitzacions que adverteixen de l'amenaça. Com si fos un joc, de manera teatralitzada, la Tasnin ha après el protocol a seguir si quan torna a casa intueix alguna cosa sospitosa. Amb la naturalitat de qui recita l'abecedari, recorda que no s'ha d'acostar a cap joguina oblidada al carrer, que si en veu alguna és obligat aturar-se i que, seguint les molles imaginàries de pa que haurà anat tirant, desfarà el camí fins a arribar a algun adult que pugui avisar. Un exercici que a classe estudien completant un laberint amb bombes dibuixades. A dins de l'aula ho fan sobre el paper, on poden equivocar-se. A fora de l'escola, envoltats de mines i on un error els pot suposar la mort.

La Ranna escolta plorosa la Bushra. La vella intenta fer veure a la jove que haurà de tenir paciència. Com a mare, el futur dels seus fills la neguiteja dia i nit. A l'àvia també l'angoixen els seus nets, però a ella se li suma el temor a una mort que intueix propera. No té por per ella: sap que és llei de vida i s'encamina cap als noranta. Té por pels que deixarà enrere i en depenen. Per a molts refugiats, ni morir no suposa descansar en pau. És més, suposa un bon mal de cap per als familiars. No tenen lloc per ser enterrats. Molts cossos acaben en cementiris il·legals o enmig de terrenys abandonats. Amb més d'un milió i mig de desplaçats —entre palestins i sirians—, cada any se'n moren més de deu mil. Les autoritats libaneses al·leguen que no tenen prou espai ni per als locals, en una justificació en què molts veuen un mur de racisme. I els preus d'alguns nínxols, de fins a sis mil euros prop de la capital, són inassequibles. Giren les tornes i ara és la Ranna qui ha de consolar la Bushra. Ho fa explicant-li una notícia que els arriba des de la vall de la Bekaa, on malviuen una part important de refugiats. Una dona libanesa, Soubhia al-Fayyad, va fer obrir la tomba del seu fill perquè un nadó sirià trobés descans al seu costat. El petit, de dos anys, havia mort en l'incendi d'un camp de tendes proper. Cap poble del voltant no volia cedir un espai a la família, desbordada de dolor i impotència. «És només una qüestió d'humanitat, a ningú no se li pot negar el dret de ser enterrat amb dignitat, i menys a un infant», argumentava aquesta jove espolsant-se un reconeixement que no creia merèixer. La Soubiha no tan sols va fer aquest gest. Veient la situació extrema que travessava la família refugiada, va oferir-se per cuidar els dos germans cremats fins que es recuperessin.

La Bushra abraça la Ranna i somriu emocionada. No estan soles, n'hi ha d'altres com elles. Són moltes, les dones valentes. *Alhamdulillah.*

# Quan cada dia és un 8M

## Malak: «Soc una dona. I aquesta és la meva arma.»

Quina tia, la Malak! Va i li clava una puntada als ous. Sí, sí, directe als testicles! Ella: una manifestant més, menuda i desarmada. Ell: el guardaespatlles d'un ministre libanès, que en fa dos com la noia i amb un kalàixnikov entre mans. Que per què li etziba la coça? Doncs perquè veu com l'home en qüestió comença a disparar a l'aire per espantar els manifestants. Bales que, òbviament, tal com pugen, baixen. I no seria la primera vegada que provoquen ferits i morts, amb aquesta tradició tan boja i letal. Trets a l'aire per dispersar uns libanesos que, com ella, s'han plantat pacíficament davant d'un edifici oficial en un Beirut ben revolucionat. Així que, ben escalfada i plena de ràbia, veient aquest abús constant, li ha clavat una puntada als ous. El pobre funcionari poc s'esperava que una dona li toqués les pilotes d'aquesta manera... Fa mal de veure! Dolorós per a ell... segur. Però també per al conjunt del sistema masclista, patriarcal, corrupte i sectari que representa i que la majoria dels libanesos volen carregar-se. T'imagines, quina humiliació? «*Kicking the balls of the system*», presumeixen encara les manifestants amb una mitja rialla sorneguera. Darrere de l'escorta, hi veuen elits inflades de poder i testosterona recargolant-se per un cop on més mal els fa. I encara pitjor: una puntada als ous etzibada per algú a qui sempre han menyspreat. La puntada era d'una dona. Però ja et dic jo que són moltes les que haurien aixecat el peu de bon grat.

L'heroïna de la revolta, li'n diuen uns. La reina de la puntada, com l'han batejada d'altres. Una coça que ha quedat immortalitzada en un vídeo que s'ha fet viral. Però també en dibuixos, cartells i grafitis. El seu simbolisme s'ha analitzat del dret i del revés. Alguns la comparen amb la mítica Marianne, que encarnava la Revolució Francesa i els valors de guerrera, pacificadora i protectora. Fins i tot, entesos en arts marcials han estudiat l'angle, gairebé perfecte, diuen, de la coça d'una noia que, d'altra banda, no té ni idea de tècniques de combat! Quin instint més esmolat, tu... Però ella és una jove com tantes n'hi ha al país: prop de la trentena, amb estudis, sense feina ni prou diners per pagar-se el lloguer d'un pis a la ciutat. Tampoc no té *wasta* —o contactes— que puguin recomanar-la. És una supervivent del sistema que ha dit prou: prou després d'una vida de discriminació que li ha fet veure que si ets dona, almenys en països com el seu, els drets no te'ls donen... sinó que es guanyen! I ha decidit començar a guanyar-se'ls. I de quina manera!

Però no és pas ella sola que s'ha plantat, no. En un dels moments de màxima tensió, qui creus que s'ha interposat, sense més protecció que el seu cos, entre els manifestants pacífics i els perdonavides violents que volien rebentar les mobilitzacions? Les dones, és clar. Centenars de dones. Mares, filles, amigues, conegudes, desconegudes. Totes agafades de les mans, formant un llarg cordó de seguretat. Saben bé que ni uns ni altres no s'atreviran a tocar-les i així han evitat que els xocs violents s'hagin intensificat. Com ens hem de veure! Per un cop, el tabú i la incomoditat que genera l'exposició del cos femení en aquesta societat les ha protegides. Ironies de la vida!

També el Govern libanès se les ha hagut d'empescar per desallotjar les dones que bloquegen les principals carreteres. Les autoritats no estan acostumades a veure-les plantades allà al mig, ocupant la via pública. Molts homes, de fet, no les voldrien existint més enllà de la cuina de casa seva. Les forces de seguretat, eminentment formades per homes, no saben com posar-s'hi, davant el típic procediment d'arrencar cebes. Sobretot si les cebes, per dir-ho així, són dones. I quina ha estat la pensada de l'exèrcit davant d'aquesta forma de resistència passiva i ara també femenina? Desplaçar-hi dones soldats creient que els farien la feina bruta. Però, no. Lluny d'això, i després de dialogar llargament amb les manifestants, les uniformades han optat per acabar-se retirant. Resignades, però respectant el dret de manifestació. A canvi, han rebut roses i aplaudiments en reconeixement còmplice de les joves que han pogut mantenir la plantada. Si haguessis vist com s'ho miraven, de lluny, els soldats! Estupefactes, estaven.

I és que és sorprenent, la veritat. No per la presència de dones, no, sinó pel lloc i la força amb què es fan visibles aquesta vegada. Dones assumint rols que molts homes els han negat. Han deixat de ser només la cara bonica de la revolució, a la reguarda. Dones cridant, cantant i ballant; dones cuinant per als manifestants, sí. Com sempre. Però ara també dones donant puntades, dones fent de muralles, dones ocupant el carrer, dones bloquejant carreteres, dones impartint classes universitàries a les places. Dones amb vel, dones descobertes, dones amb túniques, dones amb tirants i minifaldilles, dones amb rastes, dones repentinades, dones amb banderes i pancartes, dones amb bosses de mà caríssimes, dones amb nassos operats, dones amb uns bons nassos, dones sense ous, dones amb ovaris, dones sense por, dones que fan por a molts homes per primera vegada, dones, dones, dones!

I ells, com reaccionen? Doncs a la desesperada. No tots, però encara n'hi ha que intenten, per diferents mitjans, fer-les tornar a casa. Per exemple: hi ha homes que revelen les dades personals de les dones manifestants, com ara el seu número de telèfon, perquè després uns altres es dediquin a assetjar-les o els pirategin el mòbil i les xarxes socials. Però encara hi ha una intimidació més barroera: fan córrer imatges d'elles cosificant-les amb la intenció d'avergonyir-les. Pensen que si elles no es retiren voluntàriament de les marxes seran ells, els mascles de la família, qui les aniran a buscar i se les emportaran estirant-les dels cabells per preservar l'*honor familiar*. Sí, sí, això encara passa.

Sembla que l'emergència de les dones com a subjecte polític també ha enganxat la premsa amb el peu canviat. Aquests dies llegeixo titulars com: «Totes les belleses són revolucionàries» o «Cares boniques al carrer», i articles d'una superficialitat ridícula obsessionats en l'estètica del moviment. N'hi ha que gairebé converteixen en una caricatura que una dona amb vel es manifesti al costat d'una que porta faldilla. Ho veuen exòtic, tu! Acabes l'article i veus que han obviat totes i cadascuna de les reivindicacions del col·lectiu, que no són poques, en un Líban amb més dones que homes, on elles tenen un 60 % menys de drets; un Líban que ocupa la desena posició per la cua en igualtat de gènere o que té un trist 5 % de representació femenina al Parlament. És clar que se senten ciutadanes de segona! O no és de segona que sigui legal que et casin sent una nena de potser... nou anys? O que si et violen dins el matrimoni no sigui delicte perquè s'entén que l'acte sexual sempre és consentit entre les parts? O no és de segona, que per poder demanar el divorci al teu marit t'hagi d'haver autoritzat abans? O que en cas de repartir-te la custòdia o una herència tinguis sempre les de perdre? O que si et cases amb un estranger i tens fills no els puguis passar mai la teva nacionalitat? I això, que ja és demencial, encara pot empitjorar. I tant! Dependrà de la confessió a què pertanys i del tribunal religiós que et jutgi. Al Líban no existeix un Codi civil únic, sinó divuit. Divuit normatives diferents, tantes com religions oficials té el país.

Com veus, aquí els homes són, per sistema, uns privilegiats. Com han de voler igualtat molts dels que, per activa o passiva, s'han beneficiat que no n'hi hagi? Fa pràcticament dos anys ja van rebre un avís important, però van decidir ignorar-lo. Recordes el famós 8 de març del 2018, el gran 8M en què moltes dones arreu del món vam acabar de despertar? Doncs dos dies després d'aquells clams massius a Catalunya, i potser envalentides pel que arribava d'Occident, aquí les libaneses van inundar Beirut.

El Dia de la Dona al Líban va ser històric, ningú no s'esperava aquell pols en una societat tan masclista. Milers de dones van sortir al carrer sense instruccions religioses ni polítiques, juntes per primera vegada. «Diferents motius, la mateixa ira», cridaven plegades. Durant la marxa, vam passar pels barris més conservadors de la ciutat. Alguns homes ens escopien des dels balcons mentre ens cridaven «*haram*!». T'escopien sense cap tipus de vergonya, mirant-te com si et clavessin una bona bufetada. D'altres seguien la inusual desfilada fent que no amb el cap i renegant una espècie de mantra satànic. També n'hi havia que feien entrar les seves dones dins de casa quan s'adonaven que treien el nas per la finestra o espiaven darrere la cortineta, no fos cas que s'animessin a participar-hi! Algunes d'elles, amb la boca ben oberta i amb els ulls fora d'òrbita, assenyalaven cartells desafiants en un país sexualment reprimit, almenys de cara enfora. La pancarta que més soroll va generar resumia la jornada amb un: «*Clitoris Unite!*» Enorme! Pensava en la valenta que s'havia atrevit a escriure allò sabent pels barris on passejaria aquell lema. Si la marxa ja resultava intolerable per a molts homes, fer referència a una part dels genitals femenins se'ls feia fastigosament insuportable. De fet, al voltant d'aquest «*Clitoris Unite*» es van acabar congregant un grup d'homes amb ganes de gresca. Joves fora de si que intentaven arrencar el cartell de les mans de les manifestants per destrossar-lo. «Mort el gos, morta la ràbia», pensaven, entenent que el gos —o les gosses— érem nosaltres. Però sense revolució social i sexual tampoc no hi haurà revolució política, m'explicaven elles, ben empoderades.

La veritat és que ni la capital, més moderna i oberta, ni la resta del país no estaven preparats per veure tantes dones juntes. I menys protestant. I encara menys reclamant drets i llibertats. Dones i avenços? Anatema! Encara no ho sabíem, però aquell va ser com un assaig general de les manifestacions feministes que tornem a viure just ara, passats gairebé dos anys i dins d'una reivindicació de canvi global. Són marxes molt més normalitzades arreu del Líban. Sortosament sense tanta escopinada. Formalment més tolerades, és veritat. Però no ens enganyem, amb un rerefons que encara espanta. Realitats sinistres ens recorden cada dia que per a moltes ser feminista no és una opció de vida, sinó la forma de no morir per ser dona. Que per què ho dic? Doncs mira, just aquesta setmana un vol d'Ethiopian Airlines s'ha enlairat de Beirut per aterrar a la capital d'Etiòpia, Addis Abeba. Portava set cadàvers a bord. Treballadores domèstiques, *maids* que en diuen aquí. Set de la cinquantena d'etíops que, segons les activistes del país, han mort al Líban aquest 2019 mentre feien de minyones! Aquí gairebé ni se n'ha parlat. El Govern actua com si no l'afectés. I bona part de la població, sense voler-ne saber més. Tothom intueix que han mort maltractades. O que s'han suïcidat per posar fi a la tortura que patien diàriament per part dels libanesos que les tenien contractades. No he pogut evitar pensar en com estaria la Benchymer. Te'n recordes? La noia que es va poder asilar al Canadà després de saltar d'un cotxe en marxa per deslliurar-se dels seus abusadors. O en la Gema, deportada a les Filipines per liderar el primer sindicat libanès de criades. Immigrants que sense gaire suport de les libaneses també estan aprofitant aquesta revolta regional per reivindicar-se. Unes protestes que només tindran èxit si no deixen cap dona enrere, tampoc les estrangeres.

Però ara les *maids* ho tenen encara més difícil. Amb una economia que s'enfonsa, el Govern libanès ni es plantejarà derogar un sistema que li permet convertir l'esclavatge de moltes dones en un sector clau del país. Et vaig parlar de la web, *This is Lebanon*? Sí, la pàgina en què aquestes treballadores domèstiques assenyalen amb noms, cognoms, adreces i fotografies els seus assetjadors? Aquell tauler de la vergonya? Doncs resulta que a vegades no s'hi pot accedir, des d'aquí, perquè està bloquejat. El poder intenta eliminar com sigui una plataforma en què ja hi han sortit exposats alguns polítics i empresaris coneguts del país. Fins i tot han intentat que Facebook els tanqués la pàgina. Però ara per ara no se n'han sortit! I la persecució no acaba aquí. Les autoritats intimiden també periodistes, activistes i usuaris que comparteixen publicacions *sensibles*, que en diuen, de les que esquitxen els poderosos, vaja. De cop, reps una trucada. És l'oficina de crim cibernètic que depèn de les forces armades. T'exigeix que esborris el que hagis pogut penjar o compartir. No s'obliden de recordar-te amablement que, segons una llei del tot desfasada —la Llei de l'insult o difamació, es diu— et poden caure fins a tres anys de presó. Però les fundadores de la web, extreballadores exiliades al Canadà per amenaces de mort, em diuen que n'estan satisfetes. Per què? Doncs perquè, per a elles, aquests bloquejos són una prova que la iniciativa fa mal a les elits i que molts s'ho pensaran dues vegades abans de veure-s'hi retratats, mai més ben dit, com uns monstres. Potser sí. Però el problema ve de més avall, d'arrel. En Samir, el porter de casa, em continua insistint que tenir una minyona a casa, dormint en aquell petit traster que et comentava, em faria la vida més fàcil. I sé que ho fa de bona fe. Ho sé. I que no tothom que té criades interines les maltracta. També ho sé. Però impacta veure com tenen interioritzat que sense una *maid* no ets ningú en aquesta societat. No els entra al cap que una dona estrangera que treballa fora de la llar pugui viure sense contractar-les.

Per començar, en Samir i els homes que gestionen la finca on visc ja no acabaven d'entendre què hi faig, vivint sola a l'edifici. Mentre m'instal·lava, sovint venien a veure'm el mestre i amic Tomàs Alcoverro i l'Oriol i en Tariq, amics i companys d'equip. Notava que aquest trànsit d'homes per casa inquietava els veïns. També els neguitejava no saber del cert a què em dedicava. Va ser passat molt de temps, i ja amb més confiança, que en Samir em reconeixia avergonyit que temien que treballés en alguna cosa... alguna cosa... no li sortia la paraula... en alguna cosa que fos... *haram*, em deia encongint-se d'espatlles. El pecat sempre ben present al nostre voltant. Podria ben ser, però no era el cas. Quan van saber quina era la meva feina, van deixar de ser distants i desconfiats i em van tractar de manera més protectora i paternalista. A vegades, encara em renyen si no els aviso que viatjo. Pateixen si durant dies veuen que no arribo a casa.

Però no és només una qüestió d'edat i de gènere. En el cas d'en Samir parlem d'un home que està a prop de la setantena. També és cultural. Recordes l'Alaà, la petita que fa de mare de tot una batalló de germans sirians que venen aigües minerals per poder menjar? Doncs avui hem tornat a visitar la família perquè no estaven treballant a la seva cruïlla habitual. Aquests dies, durant les protestes, no surten gaire de casa a l'espera que baixi la tensió al país i s'acabin els bloquejos als carrers i que desmuntin les barricades. Si ja ho tenien difícil, imagina't ara. Si abans només entraven els diners d'unes quantes aigües venudes, imagina't sense feina ni ells ni la mare. Però, tornant al que et deia, l'Alaà m'ha preguntat si estava casada. Quan li he dit que no, ha rigut sense dissimular, com fan els nens, i ben estranyada. I és una nena de tretze anys! Però a la seva mare la van casar quan en tenia quinze. Creu que és més normal això que no pas que jo segueixi soltera. Només m'ha consolat que, justament, la mare, de la meva edat, m'ha etzibat: «Res de matrimoni tu, res de marits si vols ser lliure!» I ho pronuncia satisfeta mirant al cel mentre dona les gràcies que el seu marit, de casi vuitanta anys, l'abandonés per una altra dona amb qui ha tingut deu fills més. *Huriya! Huriya!*, 'llibertat', repeteix, mentre escenifica que li posen un anell de compromís i després ajunta els canells com si se l'enduguessin emmanillada. Quin humor i quina obertura de mires, la Yazi! Està ben de tornada!

A qui sí que em trobo sovint pel carrer és la Samar. I em fa vergonya aturar-m'hi. Sí, la Samar... aquella senyora libanesa que va ser portada del *The New York Times* i que ara, trenta anys més tard, s'ha retrobat per casualitat amb el seu fotògraf. La veig sovint per Beirut, asseguda a terra sobre un cartró, amb la cadira de rodes al costat. Quan ens creuem se'm fa un nus. Vam entrevistar-la. Ens va obrir casa seva. Vaig veure com s'emocionava recordant el seu passat. Des de llavors, res no ha canviat. Cada cop més castigada, pel carrer i l'edat, continua demanant almoina perquè els fills i ara també alguns nets puguin menjar.

Qui sembla que està refent la seva vida és la Diala. Però ha hagut d'allunyar-se molt més de Síria. Finalment ha marxat també del Líban i ara recorre diferents ciutats europees com a il·lustradora. Em va dir que no podia pintar més mort i guerra. Ja no vol ser *dibuixant de guerra*, com es definia. Per Instagram veig com continua fent esbossos de nens i nenes. Però ara els fa feliços. M'ha fet gràcia comprovar que segueix pintant infants sobrevolant paisatges en globus, la forma imaginària amb què ella escapava d'una Síria en flames. Ara, en algunes fotos que penja, se li veu el somriure trapella de qui no vol créixer, de qui tria viure en el món dels petits, de qui utilitza el seu art per blindar-se de la realitat punyent. A Síria, la guerra pràcticament s'ha acabat i el president Al-Assad no tan sols l'ha guanyada, sinó que recupera —com si no hagués passat res— legitimitat i suports internacionals. La Diala hi ha deixat família, amics, casa... Però també mort, destrucció i una revolució esclafada. Saps? La seva aparença traspua una felicitat trista. És com si estigués atrapada en un lloc, al seu país, on mai més no podrà tornar. Hi viu sense viure-hi.

Les que lluiten per tornar on eren són les dones de Jinwar. Recordes la Lara, aquella noia catalana que ens va acompanyar a aquest poblat del Kurdistan sirià? O la Zeinab, que vivia en aquest espai de seguretat habilitat només per a dones? Doncs l'han haguda d'evacuar d'urgència. Aquest projecte pioner a l'Orient Mitjà ha quedat abandonat. La Lara ja intuïa, quan hi vam parlar, que Turquia acabaria atacant Rojava. I assegurava que, si això passava, no dubtaria a agafar les armes per defensar el projecte del confederalisme democràtic que hi estaven fent créixer des de fa anys. Una illa de pau enmig de guerra que havia permès, per exemple, que la Zeinab escapés del marit que li pegava. Ara ha hagut de tornar a fugir i abandonar uns barracons que, amb les seves companyes, havien transformat en llars segures. Com ella, altres supervivents del sistema patriarcal o vídues de combatents morts a mans d'Estat Islàmic s'han vist forçades a fugir. Rojava i sobretot Jinwar són un exemple de feminisme en una banda de món on ningú no se l'esperava. De moment, m'explica la Nujin —que també vivia al poblat—, totes les dones han marxat a una ciutat propera. Sobreviuen amb altres desplaçats, acollits per la comunitat i pensant ja en com i quan reprendran el projecte. Però se les sent indignades. El president Erdogan ha destrossat en dies el que havien construït en anys. Amb l'irònic nom de *Font de Pau*, a mitjan octubre va posar en marxa una operació militar que ha bombardejat, també, els voltants de Jinwar, situat a pocs quilòmetres de la frontera amb Turquia. I, per terra, ha deixat que els islamistes aliats que li aplanen el terreny campin al seu aire. Durant setmanes han perseguit, torturat i executat dones kurdes. Entre elles, la coneguda jove activista Hervin Khalaf. Era enginyera civil i secretària del Partit del Futur Sirià. Va fer dels drets de les dones i les minories kurda i cristiana la seva lluita diària. Però, en una emboscada, la van tirotejar, apedregar i després van profanar-ne el cadàver. Crims de guerra gravats i publicats pels mateixos bàrbars amb tota impunitat. Per si no n'hi hagués prou, cèl·lules d'Estat Islàmic dorments han aprofitat aquest caos per activar-se. Gihadistes que volen demostrar que ni la caiguda del califat ni la recent mort del califa Abu Bakr al-Baghdadi no els ha esborrat del mapa.

No em puc ni imaginar com aquesta ombra de terror pot haver trasbalsat la Hiyam. Ella i la seva família segueixen oblidats al mateix camp de desplaçats al Kurdistan iraquià. I encara pitjor! Recordes que s'havia autoritzat les mares violades per extremistes, com ella, a poder conviure uns fills fins llavors repudiats? Doncs va ser només una declaració d'intencions del consell religiós yazidita. Fum. Paraules vanes. Uns homes que altra vegada decidien per elles i s'atrevien a fer unes promeses sense calcular el cost emocional de no complir-les. A la pràctica, moltes dones segueixen, doncs, sense els seus nadons. La comunitat continua rebutjant-los. Diuen que són hereus de l'organització que volia aniquilar-los. Com si els petits en tinguessin cap culpa! Així que la majoria d'aquestes criatures continuen en orfenats del desintegrat califat, en unes condicions duríssimes. O en mans d'ONG locals que en tenen cura. Aquest és el cas del fill de la Hiyam. Amb els mesos ja en parla una mica més, de la seva filla. Ara, sense ensorrar-se, pot explicar que va tenir una nena. Quan hi vam ser, no estava preparada per donar massa detalls de la criatura i nosaltres tampoc no ens vam atrevir a preguntar-li-ho. Es diu Hiba. D'ella només en guarda, com si fos un tresor, el rebut que li van donar quan la va entregar.

En sortir de la seva tenda, ja fa dos anys, vaig pensar que només el nadó allunyat i el marit desaparegut —de qui continua ben enamorada— podrien alleugerir el seu patiment. Però cap d'ells no ha tornat al seu costat. I, si t'he de ser franca, dubto molt que passi. *Inshal·lah*, xiuxiueja ella mentre els segueix esperant. Només el somiat retrobament i fer sentir la seva veu l'empenyen a llevar-se cada dia i no optar per dormir eternament.

Heroïcitats quotidianes de la Hiyam. Però també de la Khadija, la Melissa, l'Alaà, la Fatma, la Gulan, la Lara, la Maya, la Nancy, la Benchymer, la Majd, la Diala, la Joumana, la Samar, la Bushra, la Malak... Totes elles estan fartes d'esperar que arribi el seu moment, el moment de les dones. Des que tenen consciència se'ls ha dit que aquest moment no arribarà mai. Ara no, que hi ha guerra. Ara no, que hi ha crisi. Ara no, que hi ha pobresa. Ara no, que estem de dol. Ara no. Ara tampoc. Fins ara. Ja no volen que ningú parli per elles. I ens toca, a nosaltres, escoltar-les.

L'equip de la cooperativa Som*
agraïm el temps que has dedicat a la lectura d'aquesta obra
de l'editorial Ara Llibres i t'animem a compartir la teva
opinió amb nous lectors i noves lectores i a fer-nos arribar
les teves sensacions mitjançant les xarxes socials.
Els teus comentaris donen sentit a la nostra feina i ens
ajuden a impulsar més lluny cada nova proposta editorial.

#DonesValentes